「雨が降ってきたので、カサをさした」が書ければ中学受験は突破できる！

内藤俊昭
国語専科「内藤ゼミ」代表

主婦と生活社

はじめに

物語文の記述問題と言うと、とても難しいことのように思われますが、まちがいです。

・人に悪口を言われてムカっとする気持ちがわかる。
・「雨が降ってきたので、カサをさした。」が書けるだけの作文力。

これだけで、あとはこの本を読めば必ず△以上、または◯が取れます。

説明文だって

「お兄ちゃんはマンガを貸してくれない。消しゴムみたいなどうってことのないものでも絶対人に貸さない。本当にケチだ。」

この文章で一番言いたいのはどの文ですか？

この問いに答えられるなら説明文の力もすぐつくでしょう。

みなさんは文の書き方、文章の読み方を基本からじっくり習いましたか？　原稿用紙をわたされて「思ったことを自由に書こう」。問題を読んで「では、解いていきましょう」。こういう感じではなかったでしょうか。

これは泳げない人をプールに突き落として
「さあ、泳いでみましょう」
と言うのと同じです。

基本のキからしっかり習えば、だれでも必ず伸びます。この本は大切な基本を教えます。進学塾(じゅく)で国語が得意という君も、学校で国語が苦手というあなたも、この本で必ず学ぶことができます。

ただ、この本を使いこなすには、保護者の方の協力が必要です。難しいところは大人がかみくだいて説明してほしいのです。聞かれた時だけでもかまいませんから。

基本がしっかりしていれば、プールどころか、いきなり海に突き落とされてもだいじょうぶです。

さあ国語の海を泳ぎ始めてください。

国語専科「内藤ゼミ」代表　内藤俊昭(としあき)

この本の使い方

1 本の向きをぐるりと左に90度回しましょう

この本をペラペラめくった時、「あれ？　ページの向きがおかしいぞ？」と思ったことでしょう。でも、乱丁ではないのでご安心を。塾（じゅく）の授業で実際に使ったプリントをもとにしているので、テキストに書きこみやすいように、本編部分をあえて縦向きにして使う作りにしてあるのです。ですから、解く時はまず本の向きをぐるりと変えてくださいね。次の目次のページからぐるり、ですよ！

2 子どもひとりで黙々（もくもく）と解かないこと！

時間が許すようでしたら、保護者の方が各項目の解説部分をお子さんといっしょに読んだうえで解かせて、答えのチェックと指導をしてください。でも、それができなくても気になさらなくてかまいません。なぜなら、お子さんが文章を読んで理解しようとがんばり、問題を解くことが何よりのトレーニングだからです。ただし、イヤイヤ取り組むのでは力がつきません。1回の勉強は15分から、せいぜい30分ぐらいの短時間で終わるようにしてください。

国語が得意なら3年生から、苦手なら6年生から使ってください

問題はそれほど難しくありませんので、小学3年生から使えます。国語が得意だ、好きだという3・4年生は1章・2章にじっくり取り組んでください。その後、テストに強くなりたかったら3章に進みましょう。国語が得意でも苦手でもない子は5年生から、国語が苦手な子は6年生から使いましょう。最後までやりとげれば、みーんな国語力がつくのでご安心ください。

ここもポイント！

配点は設けていません

この本は国語力をつけるための考え方や解き方を身につけることが目的なので、配点は設けていません。求められている答えが書けているかを重視します。

小学校で習う漢字にはふりがなをふっていません

実際の入試問題では、読めない漢字が出てくることもあるでしょう。本番であせらないためにも、わからない漢字があったら前後の文から推測するクセをつけていくといいですよ。

※引用元がある文章については、引用元の表記にそろえています。

設問の言い方をあえて変えています

「書きましょう」「説明しなさい」「答えなさい」などいくつかの言い方が出てきます。中学入試でも学校によってさまざまな言い方のパターンがあるため、入試問題に慣れてもらうように、あえていろいろな言い方をしています。

目次

第1章

表現する力を育てる

ここでは「表現力」を身につけていきます。
「表現力」なんていうと難しそうですが、
自分の言いたいことを15字前後で書ければOKです。
・お兄ちゃんは野球がとてもうまい。
・急に激しい雨が降ってきた。
これくらいの文が書ければ、
第1章を勉強する力は十分あります。
自信を持ってページをめくってください。

1 つなぎ言葉のはたらき

月　日

昨日の晩から高い熱が出た。学校を休んだ。

言いたいことは伝わるのですが、何かおかしな感じがします。どうすればよいでしょうか。

二つの文の間に「だから」を入れてみましょう。これでスッキリと読みやすい文になりますね。

この「だから」のような言葉を**つなぎ言葉**と言います。つなぎ言葉は、この後どういう内容がくるかを教えてくれます。ちょうど道路わきに立っている標識のように。

では、次につなぎ言葉をグループ分けして見ていきましょう。

❶逆接（前の文の内容から考えられることとは反対のことがくる）

つなぎ言葉➡しかし、けれども（けれど）、だが、が、ところが、でも

※「だけど」は話し言葉で、友だちと話す時に使うのは問題ありませんが、正しいつなぎ言葉とは言えません。

❷順接（前の文のことが原因となってその結果がくる）

つなぎ言葉➡だから、そこで、それで、したがって、すると

❸並立・添加（並べる・つけ加える）

つなぎ言葉➡そして、それから、また、さらに、しかも

❹選択（前の内容と後の内容を比べ、選ぶ）

つなぎ言葉➡または、あるいは、もしくは

❺説明・補足（言いかえたり、つけ足したりする）

つなぎ言葉➡つまり、すなわち、ただし、もっとも、なぜなら

では、さっそくつなぎ言葉を使って文を書いていきましょう。

基本問題

つなぎ言葉の後に続く文を考えて書きましょう。

月　日

1 おなかが急にすいてきた。だから、

2 そのロボットは人間にそっくりだった。しかし、

3 風が強くなってきました。しかも、

4 犯人は窓から入ったのかもしれない。あるいは、

★解答例と解説は111ページへ。

応用問題

次の文の続きを考えて書きましょう。

1 熱がやっと下がってきた。けれども、

「　　　　」

2 ゲームをしてもいいよ。ただし、

「　　　　」

3 ぼくは宿題が終わったので、ゲームをしようと思って居間に行った。すると、

「　　　　」

4 うちのパパは野球がうまい。また、

「　　　　」

5 夏休みの旅行について家族みんなで話し合ったが、どこへ行くか決まらなかった。そこで、

「　　　　」

★解答例と解説は111ページへ。

発展問題

さあ、次は難しいものもあります。
がんばってください。

月　日

1 ぼくのパパと次郎のパパは兄弟だ。つまり、

2 次に、納豆をよくかきまぜます。それから、

3 かれの言っていることは正しいように聞こえる。が、

4 ぼくは今日はいつもよりとても早起きをした。なぜなら、

5 太郎君は英語がペラペラだ。もっとも、

※この「もっとも」は「もっとも有名な人」のように使う「もっとも」ではありません。

★解答例と解説は111ページへ。

2 文と文をつないで話の筋を作る

月　日

一つの意味・内容を持った文を書くと10字から20字前後です。

急に激しい雨が降ってきた。
わたしはあわててカサをさした。

この「雨が降ってきた」ことと「カサをさした」という二つの事実を結びつけると、「雨が降ってきたために、カサをさしたのだ」という話の流れが生まれます。これを「話の筋」と呼びます。

二つの文をつなぐと、次のようになります。

急に激しい雨が降ってきたので、わたしはあわててカサをさした。

日本語の一つの文は平均すると30字から40字と言われています。

みなさんが書く作文も、国語の記述の答えも、元になるのはこの30字〜40字の「話の筋」を持つ文です。「話の筋」のよくあるパターンはこんな組み合わせです。

〜したので、〜だった。／〜したけれど、〜だ。
〜すると、〜だろう。／〜したし、〜した。

「話の筋」がある文には、メッセージを明確に伝える表現力が備わっています。表現する力を身につけるために、文の結合を練習しましょう。

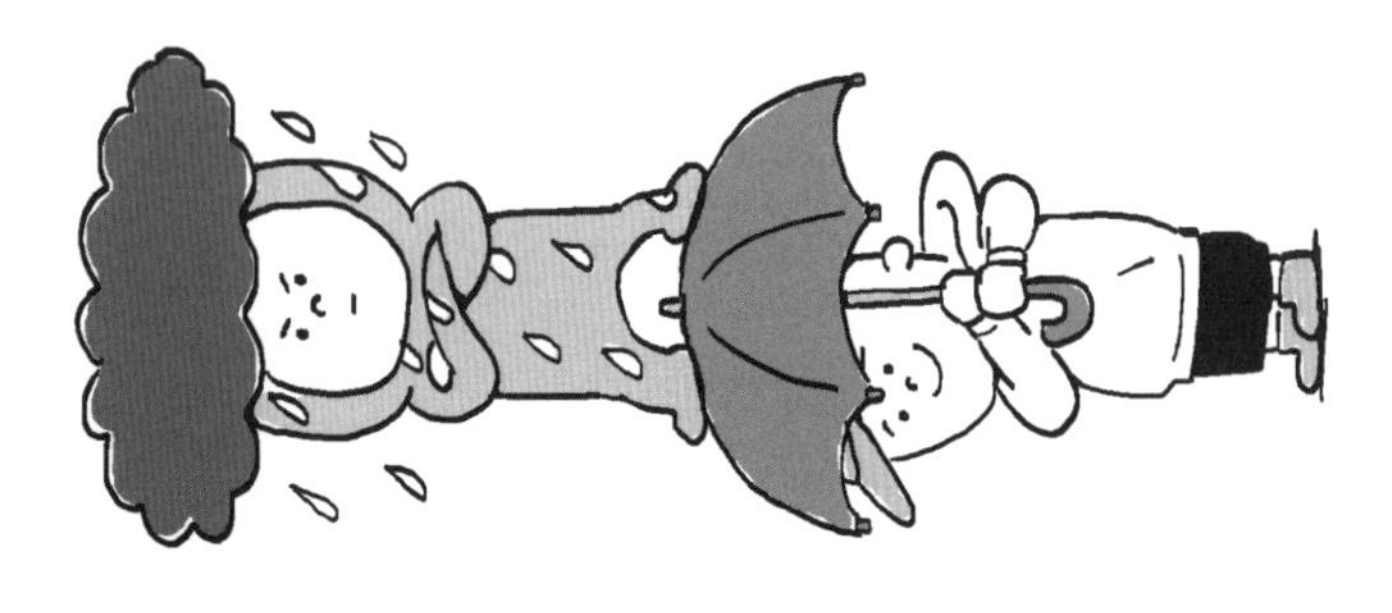

基本問題

次の文を一つにつなぎましょう。

月　日

1 激しい雨が降ってきた。しかし、ぼくはカサを持っていなかった。

〔　　　〕

2 明日はお休みだ。だから、朝ねぼうができるぞ。

〔　　　〕

3 空は青かった。そして、空は美しかった。

※「空」という言葉を一度だけ使って書きましょう。

〔　　　〕

4 雨で運動会が中止になった。したがって、今日はお弁当を家で食べることになった。

〔　　　〕

5 ぼくはサッカーが好きだ。ぼくは野球はもっと好きだ。

〔　　　〕

★解答例と解説は112ページへ。

応用問題

次の文を一つにつなぎましょう。

1 わたしはケーキを食べている。わたしは、テレビを見ている。

2 お父さんはサッカーの選手だった。お父さんは水泳がとてもうまい。

3 夏が来る。すると、暑い日が続くだろう。

4 えんぴつを持ってきなさい。または、ボールペンを持ってきなさい。

5 わたしは内藤と申します。ところで、あなたはこの家の方ですか。

6 この黒い大きなくつは兄のだ。こっちの白いのは姉のだ。

★解答例と解説は112ページへ。

発展問題

次の文を一つにつなぎましょう。

月　日

1 わたしはつりに出かけた。兄はつりに出かけた。

［　　　　］

2 山の頂上に登った。すると、はるか遠くに富士山が見えた。

［　　　　］

3 わたしは弟とけんかした。なぜなら、弟がうそをついたからだ。

※前の文→後の文の順につなぐこと。「うそをついたからけんかした」という答えはいけません。

［　　　　］

4 わたしが好きなものは何でしょう。あなたは知っていますか。

［　　　　］

5 わたしはケーキが好きだ。わたしはクッキーが好きだ。

※「好きだ」という言葉を一回だけ使う答えと、二回使う答えの二種類を書きましょう。

一回使う［　　　　］

二回使う［　　　　］

★解答例と解説は112ページへ。

3 順番を考えて文を組み立てる

月　日

さあ、今度は二つから三つの文を、順番を自分で考えて組み立ててみましょう。少し難しくなりますが、頭の中でいろいろと組み立てて、読みやすくわかりやすい文にしましょう。

例題

1.おさいふは先生のものだった。
2.学校のとなりに公園がある。
3.わたしはその公園でおさいふを拾った。

組み立て方のルールを説明します。二つまたは三つの文を組み立てるのですが、それぞれの文の持つ意味、
「おさいふが先生のものだ」ということ、
「学校のとなりに公園がある」こと、
「わたしが公園でおさいふを拾った」こと、
これらがすべて入っていれば、どのような順番でつないでも、どのような工夫をしてもかまいません。

例えば、この問題の場合、

学校のとなりに公園があり、わたしはそこでおさいふを拾ったが、それは先生のものだった。

学校のとなりの公園でわたしが拾ったおさいふは、先生のものだった。

わたしが先生のおさいふを拾ったのは、学校のとなりにある公園だ。

いずれも正解です。ほかにも正解は考えられますが、ルールはわかりましたね。

では問題に進みましょう。

基本問題

次の文を読みやすく組み立ててみましょう。

1

1. 私たちは試合に負けてしまった。
2. 私たちは練習をちゃんとやらなかった。

2

1. 太郎(ろう)君は英語が話せます。
2. 太郎君はフランス語が話せます。

3

1. わたしには弟がいる。
2. 弟の名前は健だ。

4

1. 明日はお休みです。
2. 夜おそくまで起きていました。
3. お父さんにしかられました。

5

1. 友だちが遊びに来る。
2. わたしは部屋をそうじした。
3. わたしはおかしを用意した。

6

1. 夏が来る。
2. 暑い日が続く。
3. 新しいエアコンを買おう。

★解答例と解説は113ページへ。

応用問題

次の文を読みやすく組み立ててみましょう。

1
1.せきがひどかった。 2.少し熱があった。 3.学校を休んだ。

[　　　　　]

2
1.サッカーの練習はきびしい。 2.ぼくはがんばっている。

[　　　　　]

3
1.今日は天気がよくあたたかい。 2.風が強い。
3.上着を着て出かけよう。

[　　　　　]

4
1.ポチはドッグフードが大好きだ。
2.ドッグフードのふくろを見ただけでよだれをたらしてしまう。

[　　　　　]

5
1.家に帰りました。 2.冷蔵庫のプリンを食べました。
3.だれもいませんでした。

[　　　　　]

★解答例と解説は113ページへ。

発展問題

次の文を読みやすく組み立ててみましょう。

1 1.ぼくははずかしかった。　2.クラスのみんなが笑った。
3.ぼくの答えは大まちがいだった。

〔　　　　　　　　　　　　　　〕

2 1.太郎君は意地っぱりです。　2.太郎君はときどき友だちとぶつかります。　3.太郎君は自分の考えを言いはることがあります。

〔　　　　　　　　　　　　　　〕

3 1.その映画はわたしがどうしても見たかったものだ。
2.あそこの映画館でやっている。　3.来週まで見られるそうだ。

〔　　　　　　　　　　　　　　〕

4 1.お父さんはとてもなつかしがっていた。　2.お父さんはふるさとの山に似ていると言った。　3.去年、家族旅行に行った時、山に登った。

〔　　　　　　　　　　　　　　〕

5 1.世の中にはいろいろな人がいる。　2.やさしい人がいる。
3.こわい人がいる。

〔　　　　　　　　　　　　　　〕

★解答例と解説は113～114ページへ。

4 言葉の反射神経をきたえる

月　日

頭の中で言葉を一つ一つつなぎながら文を作るのではなく、15字から20字くらいの言葉をパッと思いうかべられる。そんな力を育てるための練習です。

ぼくは公園でおさいふを見つけた。

この文は四つのかたまりに分けられますね。

ぼくは　**公園で**　**おさいふを**　**見つけた**

この文を使って、頭の中で言葉を組みかえる練習をしましょう。

まずは「ぼく」で終わる形（どんな「ぼく」なのか、説明する形）に並べかえてみましょう。

公園でおさいふを見つけたぼく

こうなります。
次は「公園」を説明する形にしてみます。

ぼくがおさいふを見つけた公園

さあ、わかってきましたか。
もう一つ。今度はおさいふを説明する形ですよ。

ぼくが公園で見つけたおさいふ

慣れるまでは、たとえば「公園」を説明する形を作る時には、「公園」以外の言葉、「ぼく」「おさいふ」「見つけた」をエンピツで丸く囲んで、頭の中でいろいろ組みかえてみましょう。

基本問題

次の文を、①～③の形にそれぞれ組みかえましょう。

月　日

1 **パパは　おそば屋さんで　カレーそばを　食べた。**

①「パパ」を説明する形にしましょう。

〔　　　　〕

②「おそば屋さん」を説明する形にしましょう。

〔　　　　〕

③「カレーそば」を説明する形にしましょう。

〔　　　　〕

2 **妹は　ぬいぐるみを　ベッドに　置いている。**

①「ぬいぐるみ」を説明する形にしましょう。

〔　　　　〕

②「ベッド」を説明する形にしましょう。

〔　　　　〕

③「妹」を説明する形にしましょう。

〔　　　　〕

★解答と解説は114ページへ。

応用問題

次の文を、①②の形にそれぞれ組みかえましょう。

1 お母さんは近くのスーパーでさんまを買った。

① 「さんま」を説明する形にしましょう。

［　　　　　　　］

② 「スーパー」を説明する形にしましょう。

［　　　　　　　］

2 学校のとなりにある公園で小さな女の子が泣いていた。

① 「公園」を説明する形にしましょう。

［　　　　　　　］

② 「女の子」を説明する形にしましょう。

［　　　　　　　］

3 おもちゃ箱の中からなつかしいおもちゃが出てきた。

① 「おもちゃ箱」を説明する形にしましょう。

［　　　　　　　］

② 「おもちゃ」を説明する形にしましょう。

［　　　　　　　］

★解答と解説は114ページへ。

発展問題

次の文を、①②の形にそれぞれ組みかえましょう。

月　日

1 **ぼくは代々木にある国語の塾(じゅく)に通っている。**

①「塾」を説明する形にしましょう。

〔　　　　〕

②「代々木」を説明する形にしましょう。

〔　　　　〕

2 **一番上の兄は今年からアメリカの大学で学んでいる。**

①「兄」を説明する形にしましょう。

〔　　　　〕

②「大学」を説明する形にしましょう。

〔　　　　〕

3 **わたしは去年、おじさんに遊園地に連れて行ってもらった。**

①「遊園地」を説明する形にしましょう。

〔　　　　〕

②「おじさん」を説明する形にしましょう。

〔　　　　〕

★解答と解説は114ページへ。

5 受け身の文への書きかえ

月　日

㋐ お兄ちゃんがぼくを呼んだ。
㋑ ぼくはお兄ちゃんに呼ばれた。

この二つの文は、主語（「だれが」「だれは」にあたる言葉）はちがいますが意味は同じです。

㋑のような「された」ほうを主語として書いた文を「**受け身の文**」といいます。

少し例を見ていきましょう。

ポチが太郎くんにとびついた。
↓
太郎くんはポチにとびつかれた。

大雪が街をおおいました。
↓
街は大雪におおわれました。

ちゃんと受け身に変えると必ず「れ」という字が出てきますね。

受け身の文を作ることは、言葉の組みかえと同じで、頭の中で言葉を並べかえる作業で、頭のトレーニングになり、表現力がつきます。

では、練習問題に入ります。

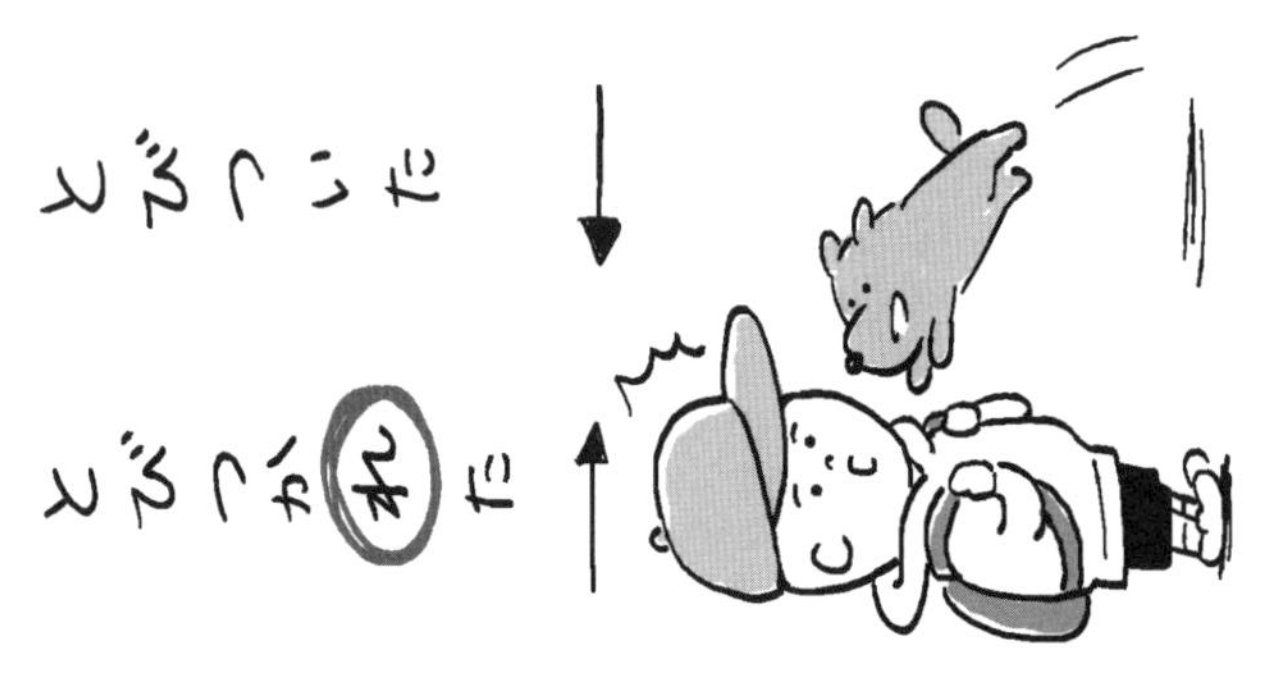

基本問題

次の文を受け身の文に書きかえましょう。

月　日

1 先生がわたしを見た。

2 わたしはミケをなでました。

3 ママは毎日わたしを起こします。

4 次郎（ろう）はぼくに話しかけるだろう。

5 兄はぼくにうそをついた。

★解答例と解説は114~115ページへ。

応用問題

次の文を受け身の文に書きかえましょう。

月　日

1 人々が広場をうめつくした。

〔　　　　〕

2 知らないおばあさんが商店街でわたしに声をかけた。

〔　　　　〕

3 おとひめ様はさびしそうな目で太郎(ろう)を見ました。

〔　　　　〕

4 みんなは二人を囲み、祝福した。

〔　　　　〕

5 車を修理に出した。

〔　　　　〕

★解答例と解説は115ページへ。

発展問題

次の文を受け身の文に書きかえましょう。

月　日

1 古くなった筆をポイと捨てました。

「　　　」

2 きょうふが背の高いたんていをおそった。

「　　　」

3 風が大切なメモをふき飛ばしました。

「　　　」

4 父がわたしをしかったうえに、母までが小ごとを言った。

「　　　」

5 太郎（ろう）は先頭だった正を最後の直線で追いぬいた。

「　　　」

★解答例と解説は115ページへ。

6 決まった言い方がくる言葉

月　日

たぶん明日は雨だ。

　友だちと話す時はこの言い方でもかまいませんが、正しい表現とは言えません。「たぶん」は、「そうなるだろうなあ」と予想はするけれど決めつけることはできない時に使う言葉なので、文のしめくくりは「だろう」「でしょう」で終わるのがルールなのです。

　このように、後に決まった言い方をしなければならない言葉には次の６種類があります。

❶予想する言い方

たぶん　きっと　おそらく　→　〜だろう・〜でしょう

※「〜はずだ」「〜と思う」というしめくくりもできます。

❷打ち消す言い方

けっして　全然　とうてい　少しも

必ずしも　→　〜ない・〜ぬ・〜ず

❸たずねる・強く言う言い方

どうして　なぜ　はたして　→　〜か

❹希望したりお願いしたりする言い方

どうか　ぜひ　どうぞ　→　〜たい・〜ください

❺仮定する言い方

たとえ　もし　仮に　→　〜ても・〜でも

❻たとえる言い方

まるで　さも　ちょうど　→　〜ようだ・〜みたいだ

　では、問題を解いてみましょう。

基本問題

次の文の［　］に言葉を入れて、正しい文を完成させなさい。

月　日

1 どうかわたしの話を聞いて［　　］。

2 友だちはさも自分がプロの［　　］話す。

3 おそらく犯人はこの中にいる［　　］。

4 もしわたしが犯人［　　］、窓からにげるだろう。

応用問題

次の言葉を使って30字以内の文を作りなさい。言葉を文の途中で使ってもかまいません。

月　日

1 はたして

2 けっして

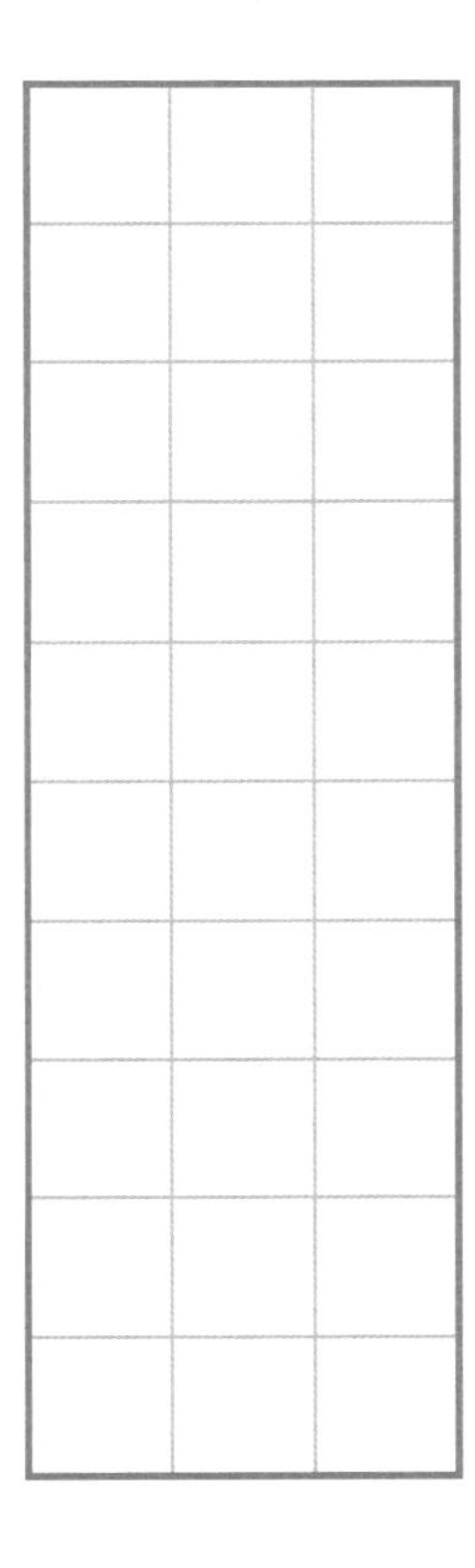

★解答例と解説は115ページへ。

7 話し言葉と書き言葉

月　日

「話し言葉」とは相手が目の前にいる時に使う、おしゃべりする時の言葉です。かた苦しくなくて親しい感じがします。一方、「書き言葉」はみなさんが作文や感想文を書く時などに用いる、より正しい言い方を心がけた言葉です。

例を見てみましょう。

話し言葉 → 何、言ってるんだ。
書き言葉 → 何を言っているのだ。

話し言葉 → じゃあ、こうしましょう。
書き言葉 → では、こうしましょう。

さあ、練習問題です。まちがってても全然かまいません。まちがって「ああ、これって話し言葉だったんだ」とわかれば、それが勉強なのです。

基本問題

次の文を書き言葉に書きかえましょう。

月　日

1 かけっこも得意じゃないか。

〔　　〕

2 ゲームなんかしていません。

〔　　〕

3 まるで犯人みたくあつかわれた。

〔　　〕

4 明日はピアノとかあるので、遊べない。

〔　　〕

5 兄は中学生なんです。

〔　　〕

6 わたしばっかりしかられてしまう。

〔　　〕

7 なんでいけないのですか。

〔　　〕

★解答と解説は116ページへ。

応用問題

次の文を書き言葉に書きかえましょう。

月　日

1 おじいちゃんも喜んでたと言ってた。

［　　　　］

2 ちゃんと言っといてください。

［　　　　］

3 やっぱり犯人はあなただったんですね。

［　　　　］

4 すごくうれしいけど、やめときます。

［　　　　］

5 これって話し言葉だったんだ。

［　　　　］

6 今、空腹なんです。なので、どっちもいただきます。

［　　　　］

★解答と解説は116ページへ。

8 字数をけずる三つの方法

月　日

　文には、その言葉がなかったとしても文の意味はちゃんと伝わる言葉があり、それを「冗語（じょうご）」といいます。冗語が入るとわかりやすくていねいな感じがします。多すぎるとしつこくなりますが。逆に冗語がないと、そっけない、メモのような文に感じられます。

　この冗語を「ぬく」ことで字数をけずることができます。
　また、二つの文をつないで「一文にする」ことで二〜三文字縮められます。
　それから、「文末」も冗語が多くなる場所です。すっきりさせることで字数を縮めることが可能です。では、実際に字数をけずってみましょう。

ぬく

電車の中でまわりの人のめいわくにならないようにしなさい。

冗語は「の中」「まわりの」「人の」です。全部ぬくと

電車でめいわくにならないようにしなさい。

　これではやや言葉足らずな感じですね。しかし、二つぐらいぬいても十分に意味は通じます。

一文にする

急に雨が降ってきた。そこで、あわててカサをさした。

急に雨が降ってきたので、あわててカサをさした。

　第1章❷「文と文をつないで話の筋を作る」で練習したやり方ですね。一文につなぐと二文字から三文字けずることができます。

文末

文末も字数を縮める時には目をつけてほしいところです。たとえば「〜である。」を「〜だ。」にするだけでも二文字縮められますね。

真剣に自然保護に取り組まなければならない時が来た。

↓

真剣に自然保護に取り組まなければならない時だ。

↓

真剣に自然保護に取り組まなければならない。

↓

真剣に自然保護に取り組むべきだ。

このように文末は字数をけずりやすいところなのです。

では、問題にチャレンジ。

基本問題

次の文を（　）内の方法で短くしましょう。

1 かれはほかの人への思いやりがある。（いらない言葉をぬく）

2 ほしいものを何でも全部あげよう。（いらない言葉をぬく）

3 地球の温暖化のことを本気で考えなければならない時がやって来た。（文末をかんたんに）

4 君の意見は正しいと言えるだろう。（文末をかんたんに）

5 おばあちゃんはおどりがおどれる。また、歌もうまい。（一文につなぐ）

6 私たちみんなが力を合わせれば、不可能なことなんて何もないと思うわ。（いらない言葉をぬく・文末をかんたんに）

★解答例と解説は116~117ページへ。

応用問題

次の文章を（　）の字数になるように短くしましょう。

月　日

1 おじさんの言ったことを思い出した。そうしたら、なみだが止まらなくなってしまった。

※この文は全部で40字あります。

（25字以上30字以内）

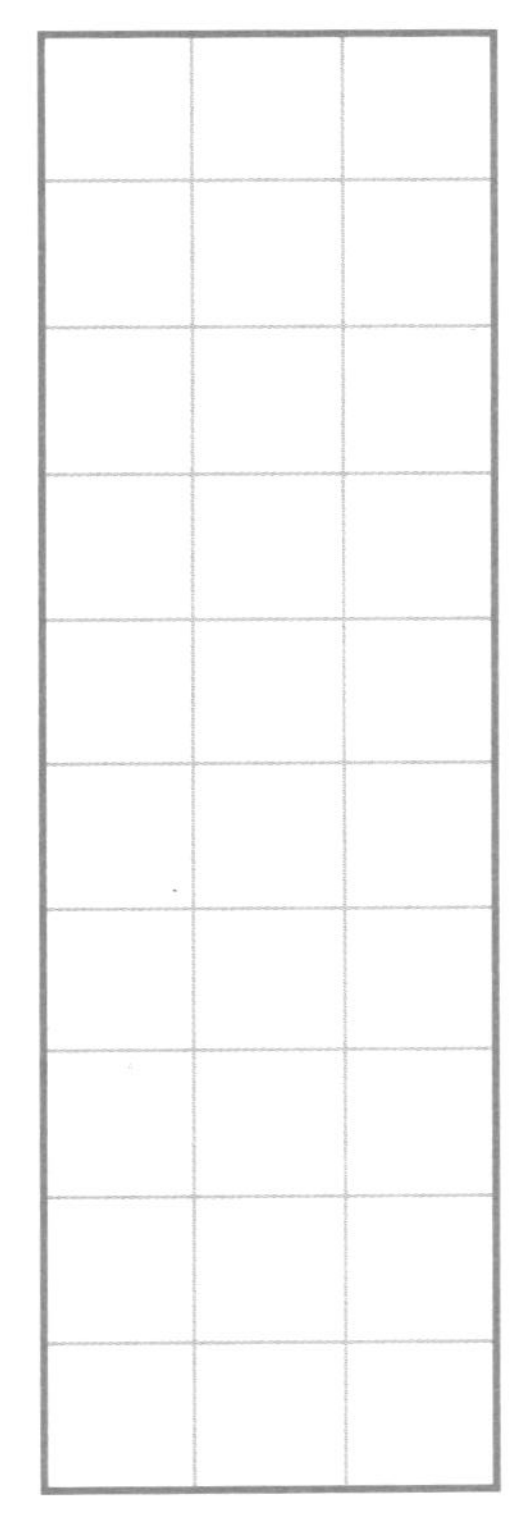

2 自分のことを相手によく知ってもらうためには、かざらないありのままの自分の姿を見てもらえばよいのである。

※この文は全部で51字あります。

（30字以上35字以内）

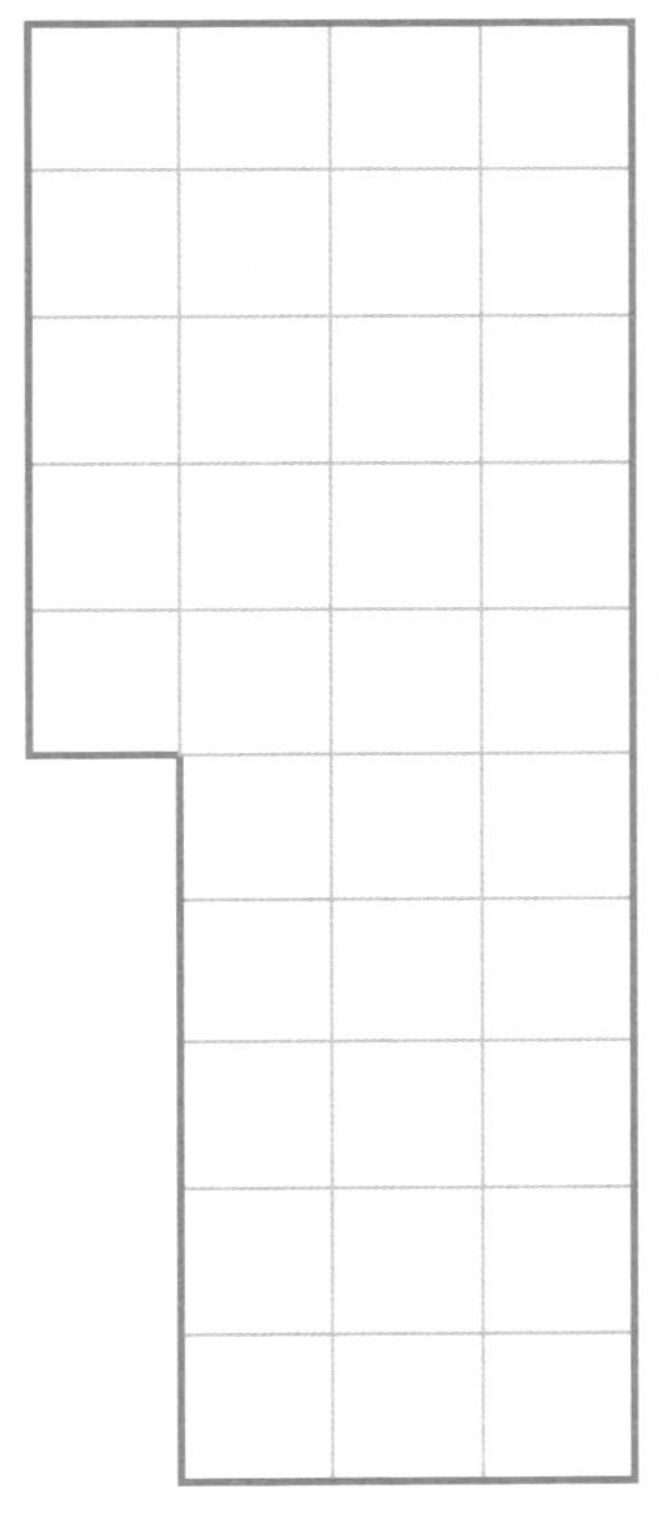

3 目と目を合わせるというのは、私たち人間がほかの人とのつながりを持つうえで、欠かすことのできない大切な行動の一つだ。

※この文は全部で57字あります。

（30字以上40字以内）

★解答例と解説は117ページへ。

発展問題

次の文章を（　）の字数になるように短くしましょう。

1 太郎(ろう)はおっちょこちょいで、いつも失敗ばかりしてはクラスのみんなに笑われているような少年である。しかし、一つ忘れてはならないことがある。それは、太郎の持っている、ほかの人に対してのやさしさ、思いやりである。かれのこの性格がクラスのふんいきを温かいものにしていることは言うまでもない。

※この文は全部で140字あります。

（70字以上90字以内）

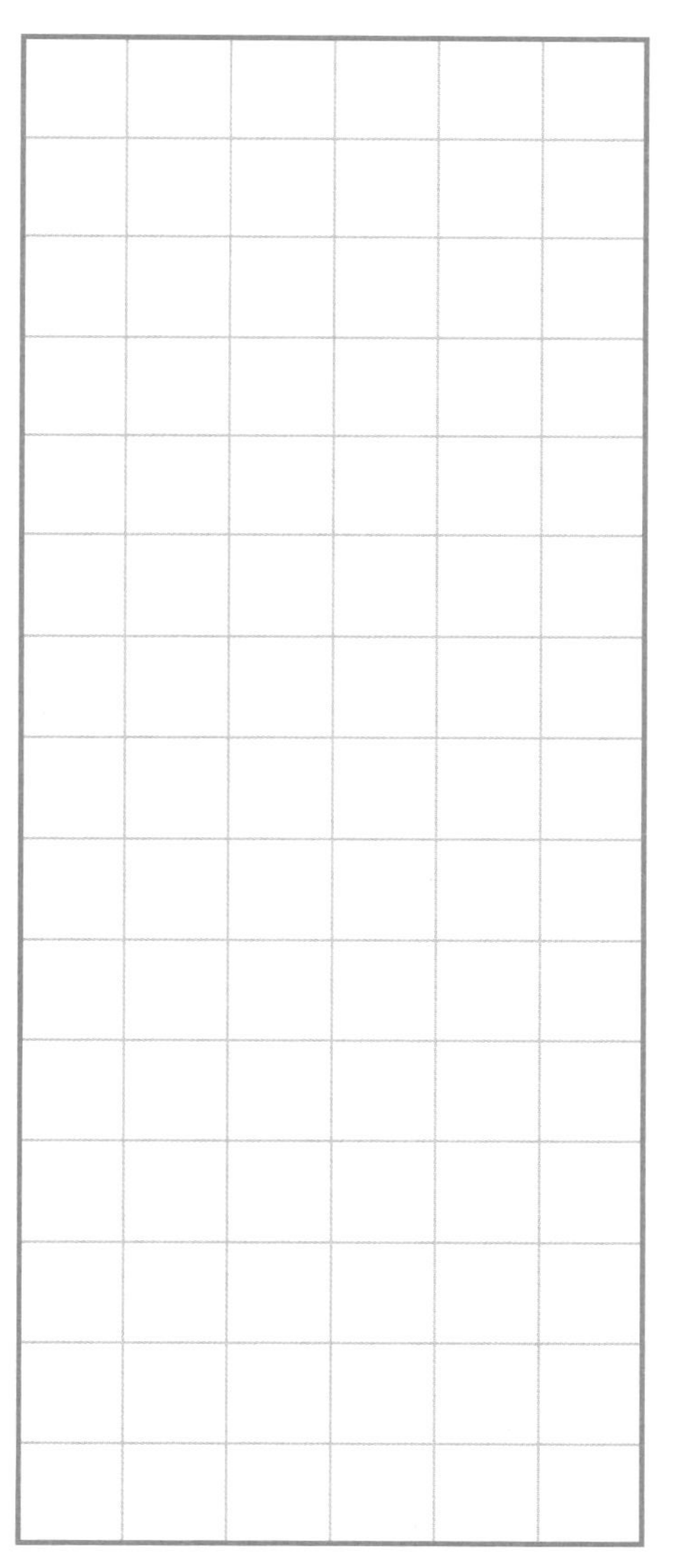

2 **1** で書いた答えをさらに短くして45字以内にしましょう。

※本当に伝えたいことは何か…そこをしっかり考えましょう。

★解答例と解説は117ページへ。

9 文の続きを書く

月　日

さあ、今までこの本で養った作文力を発揮してもらいますよ。文の続きを自分で考えて書く問題です。

ただし、その前に「敬体」と「常体」についてお話ししましょう。

敬体とは文の終わりを「です」「ます」でしめくくるていねいな文の書き方で、常体とは「だ」「である」などで終わる書き方です。

例題

敬体	**私は小学生**です。	常体	**私は小学生**だ。
敬体	**明日も晴れる**でしょう。	常体	**明日も晴れる**だろう。
敬体	**運動会が行われ**ました。	常体	**運動会が行われ**た。
敬体	**時間が**ありません。	常体	**時間が**ない。

物語でも作文でも、一つの文章の中では敬体と常体を混ぜないのが原則です。この「文の続きを書く」の問題でも、書き出しの文が敬体なら続きは敬体で書かなければなりません。書き出しの文がしめくくりまで書かれていなければ、敬体・常体は決まっていないので、どちらでもかまいません。

では、文の続きを書くうえでのルールを四つ。

- **30字以上40字以内で書く**こと。
- **一文で書いても、二つか三つの文になってもかまいません。**
- **話を終わらせなくてもだいじょうぶです。**続きをだれかが書く、つまりリレーして書いていくつもりで書いてください。
- **物語は物語らしく、説明文は説明文らしく、書き出しの文に合わせてください。**

もし字数がオーバーしても、❽「字数をけずる三つの方法」で練習したやり方を実行して、字数をコントロールしてください。

基本問題

次の文の続きを書きましょう。

月　　日

1 わたし（ぼく）の担任の先生のおもしろいところは、

2 しょうちゃんは、勇気を出してお母さんに正直に話すことにして台所に行った。

3 ぼくは［　　］が大きらいです。なぜかと言うと、

※［　］の中にあなたの大きらいなものを書いてください。

★解説は117ページへ。

応用問題

次の文の続きを書きましょう。

1 どっしーん。すごい音にびっくりしてとび起きました。

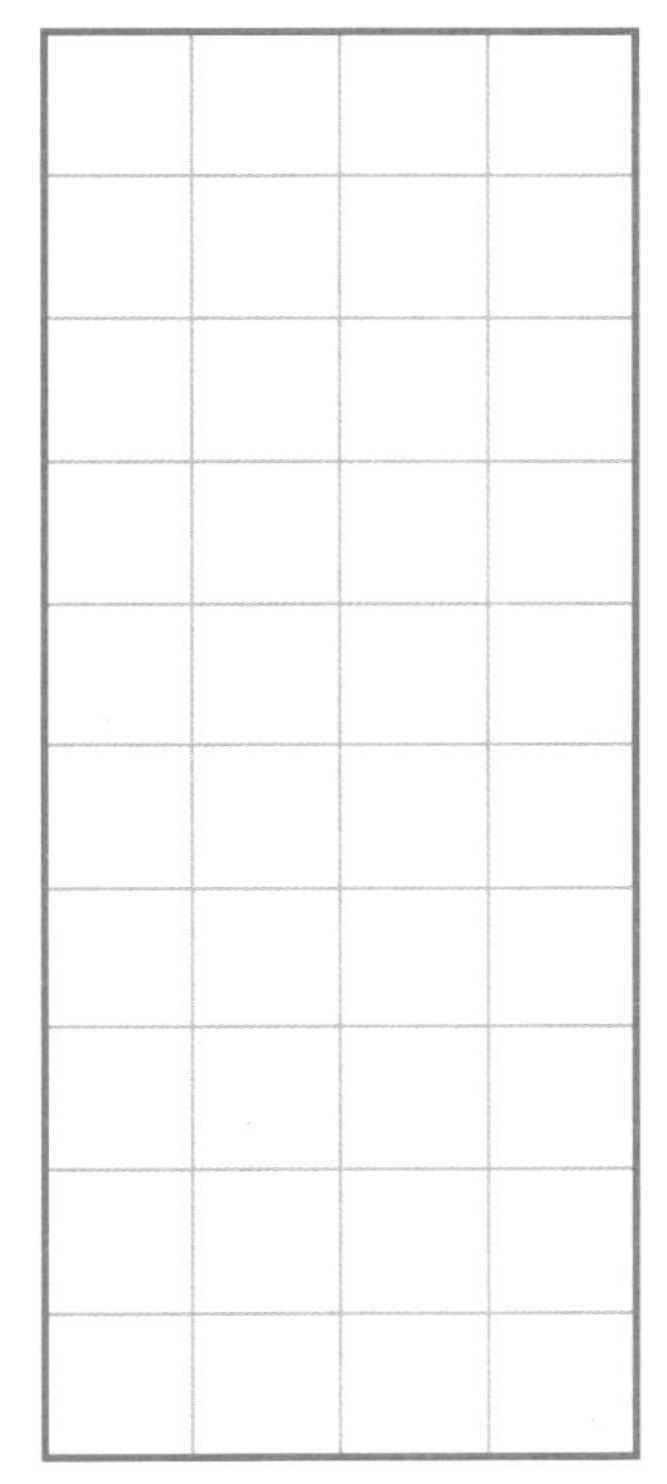

2 毎日雨が続いていやだなぁ。こんな時は、

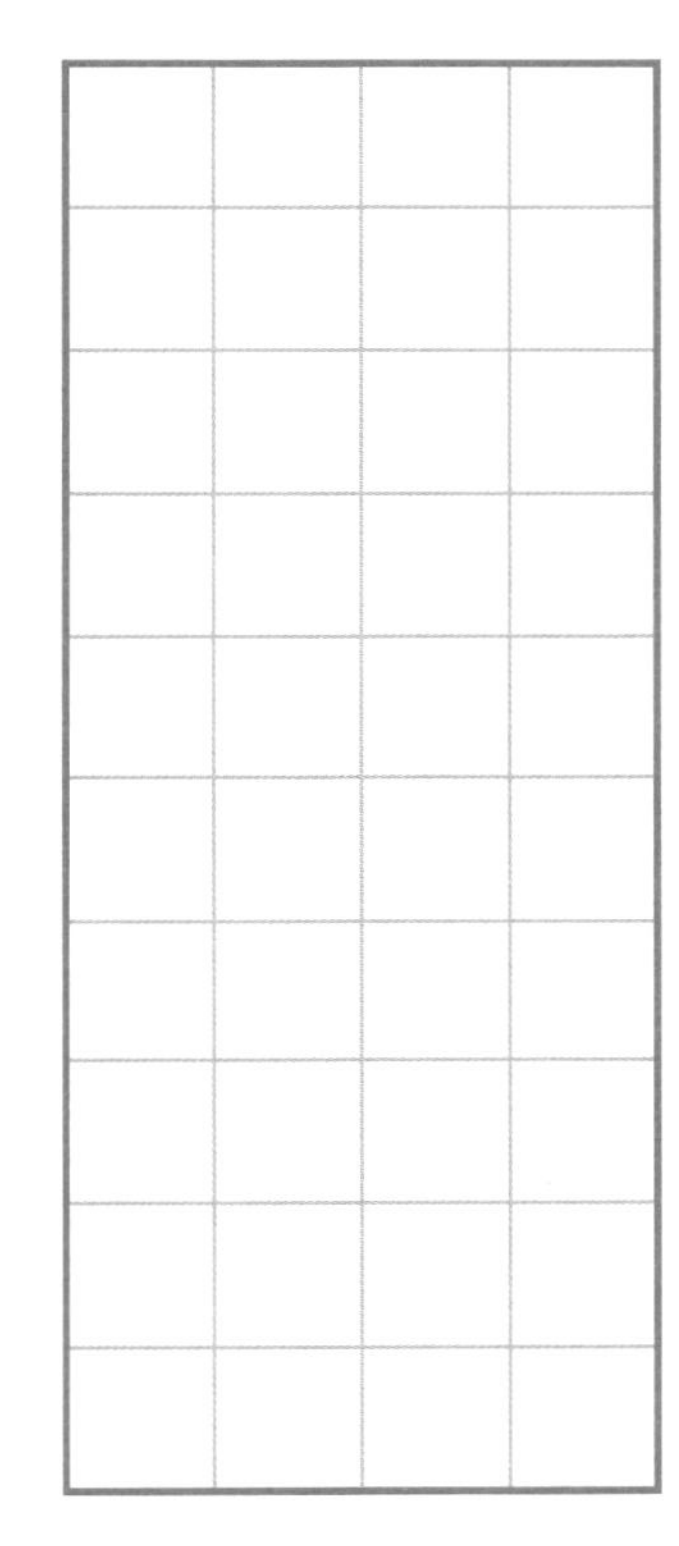

3 時計と言うものが発明されたおかげで、私たちは、

★解説は117ページへ。

発展問題

次の文の続きを書きましょう。

月　日

1 太郎は自分の足を見て思わず「あっ」と声をあげた。

2 お年寄りに電車の中などで席をゆずる時は、

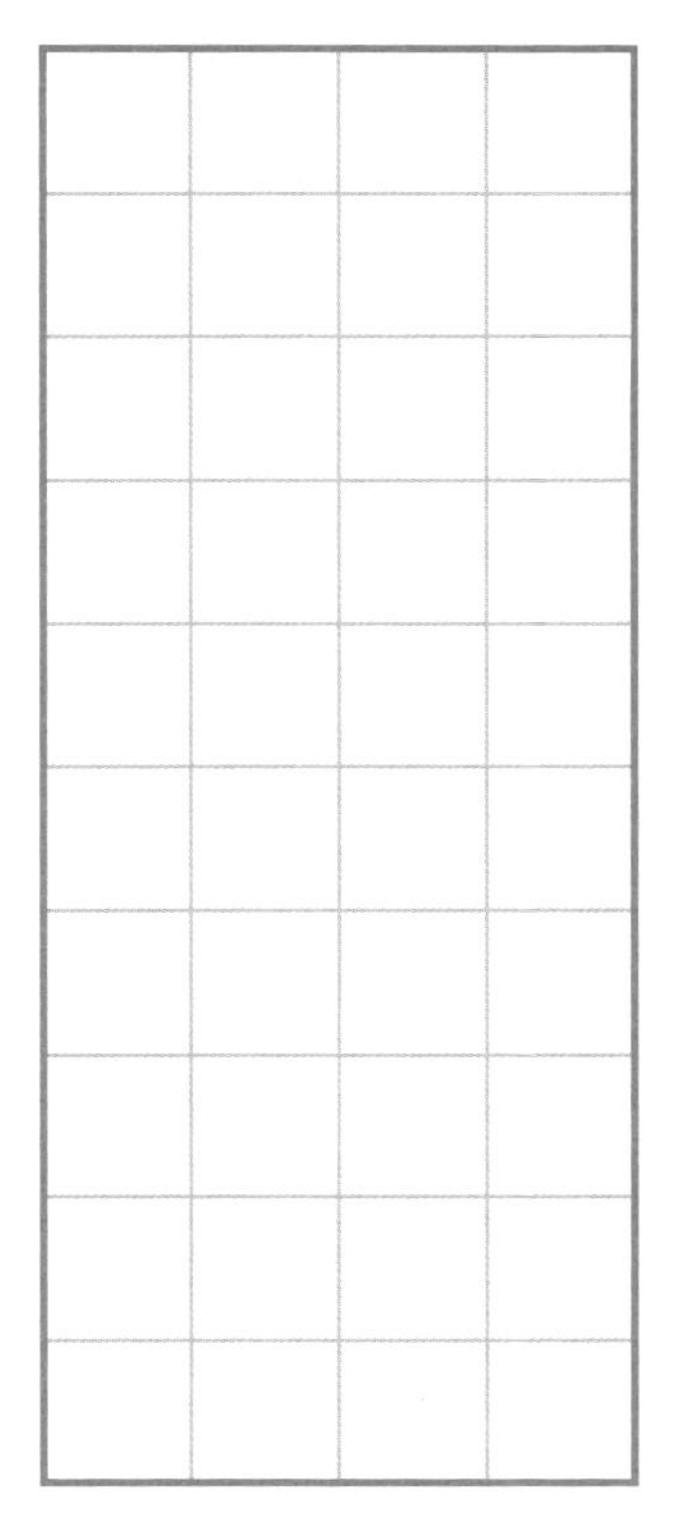

3 たしかに人間は、ほかの動物にはない素晴らしい能力を持っている。

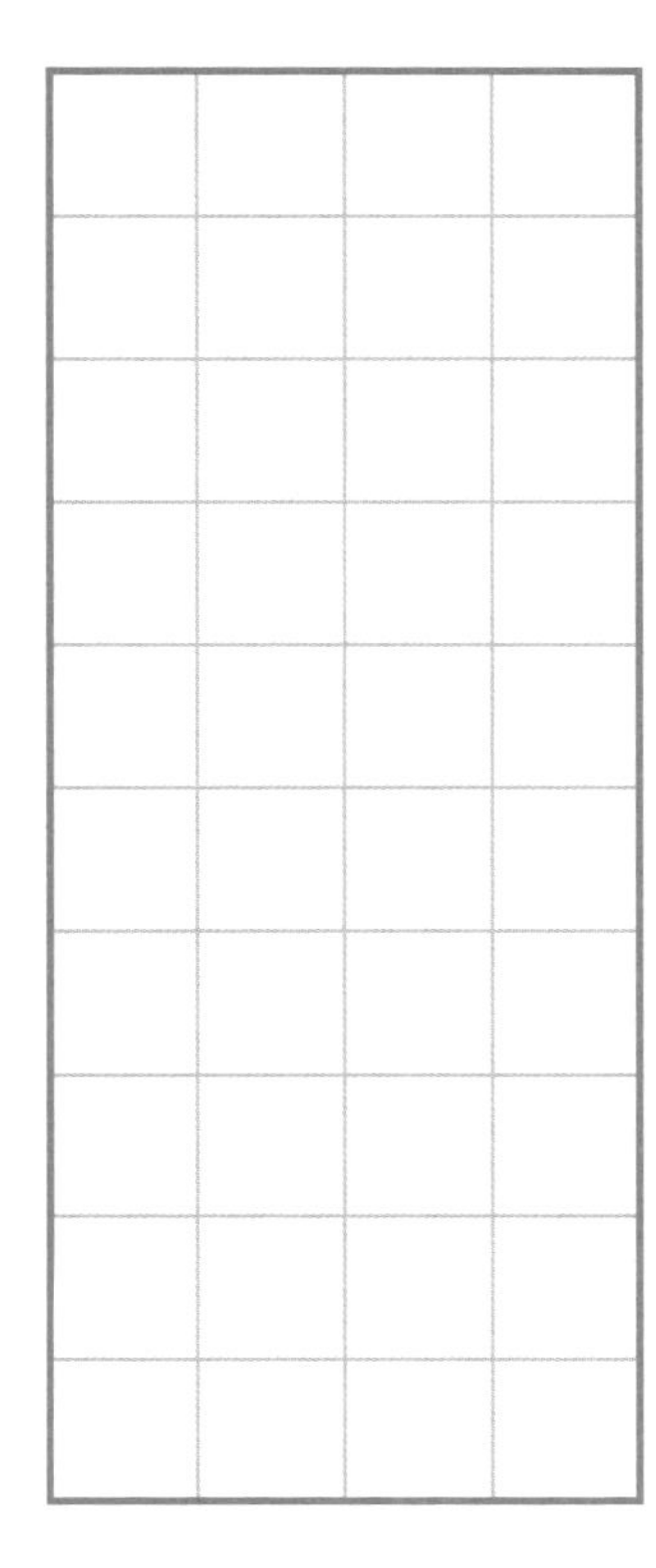

★解説は118ページへ。

10 具体と抽象（ちゅう）

月　日

ややこしい説明は後回しにして次の表を見てください。

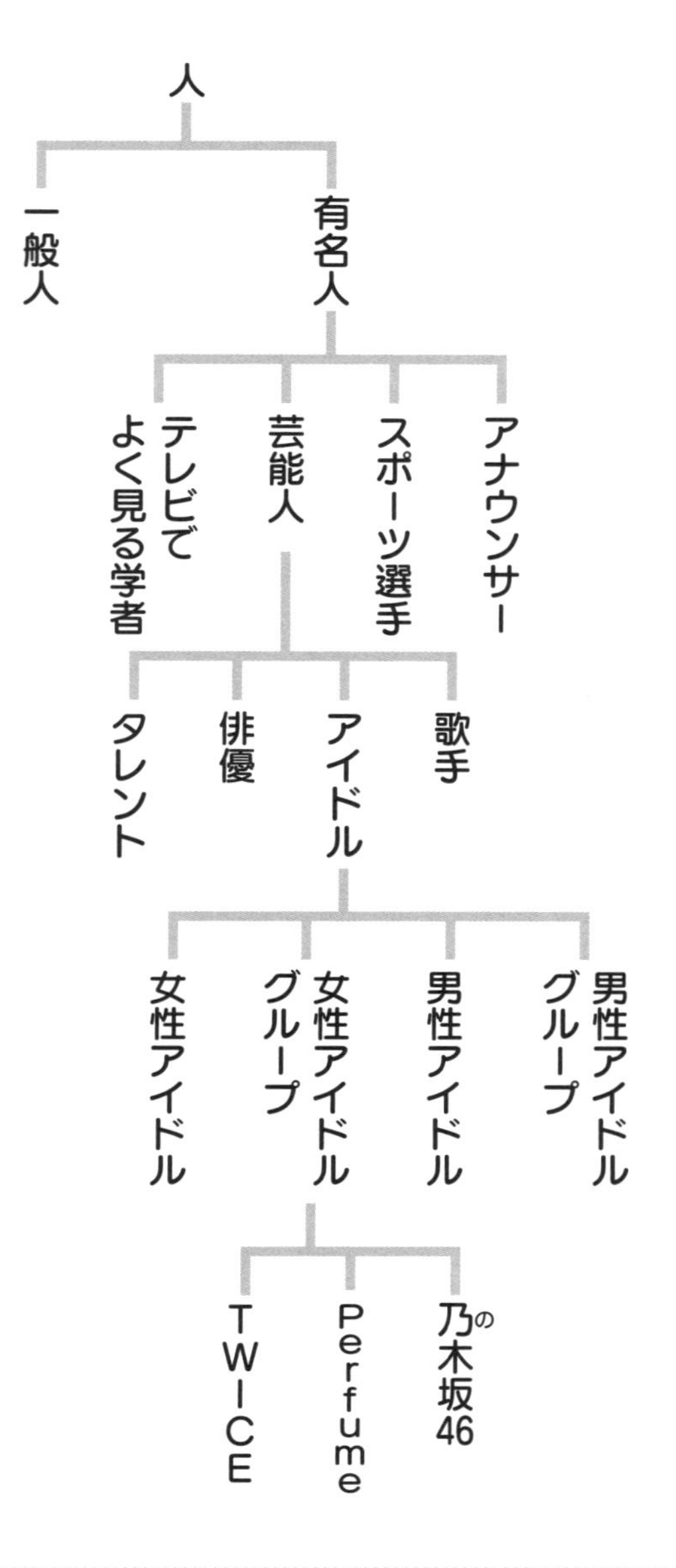

この表で、下に行くほど「具体的」になり、上に行くほど「抽象的」になります。

下に行くほど何を指しているのかわかりやすいかわりに、言葉の意味する範囲はせまくなります。これが「具体的」ということです。

一方、上に行くほどまとめた言葉になるので、言葉の持つ意味は広くなりますが、何を指しているかはっきりしません。これが「抽象的」です。

では、ほかの例をあげていきましょう。

道具↓大工道具↓ノコギリ
おかし↓洋がし↓シュークリーム

今度は短文の例を見ていきましょう。

よいことがあった。↓アイスを買ったら当たりだった。
よいことをした。↓人に親切にした。↓お年寄りに席をゆずった。

さぁ、わかってきましたか。

基本問題

次の言葉は、抽象（ちゅう）→具体の流れになっています。［　　］に入る言葉を書きましょう。

月　　日

1 乗り物 → ［　　　］ → 新幹線

2 ペット → イヌ → ［　　　］

3 ［　　　］ → 球技 → バレーボール

4 本 → 児童書 → ［　　　］

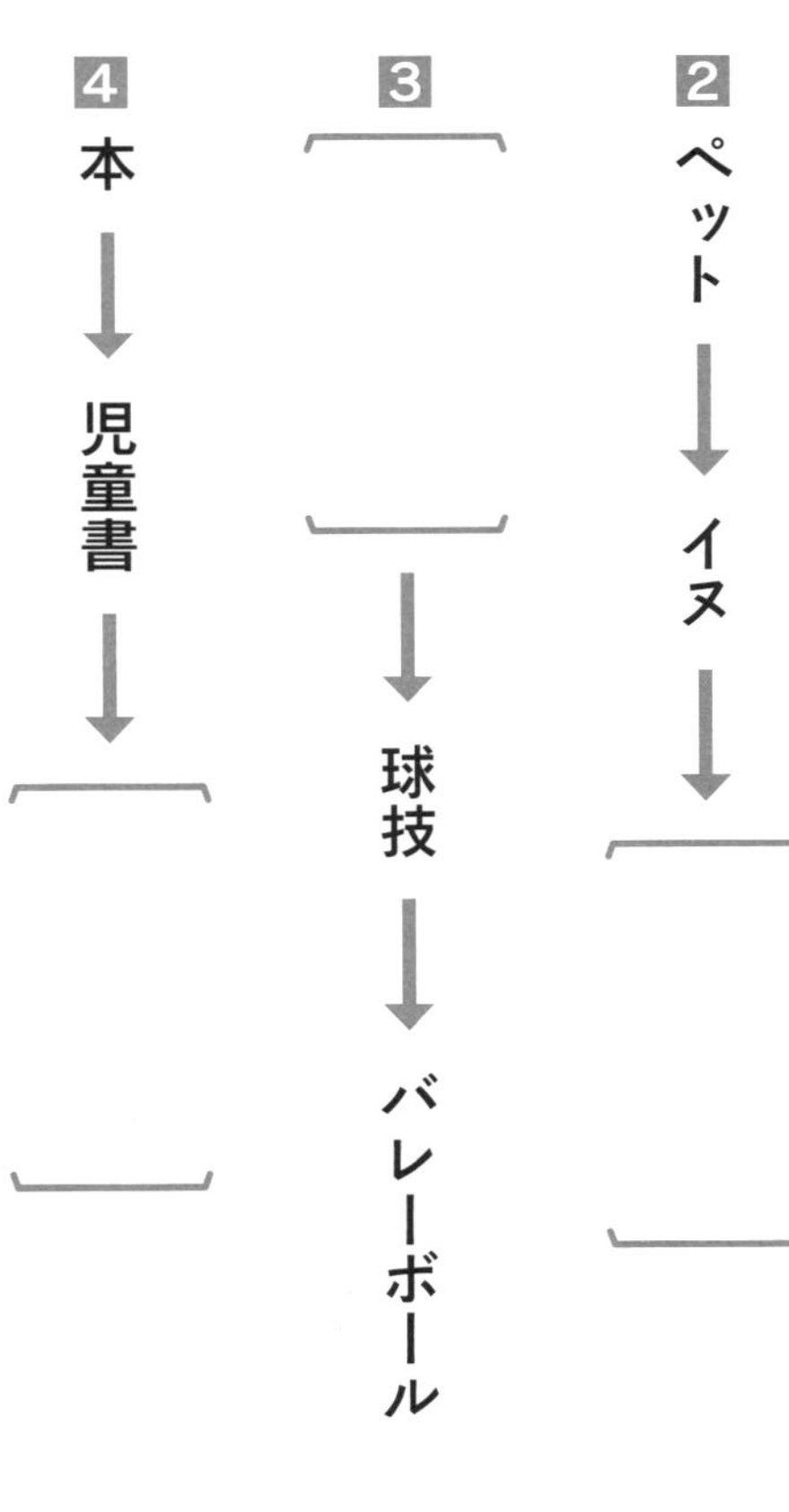

★解答例と解説は118ページへ。

応用問題

次の文の抽象的な部分に線を引きましょう。

1 ぼくはニンジンがきらいだ。ピーマンも食べられない。納豆も苦手だ。つまり、好ききらいが激しいのだ。

2 いつでも本を開けば、遠い国に旅行することも千年昔に行くこともできる。戦国武将の生き方にふれることだって可能だ。それが読書の素晴らしいところだ。

3 戦争が終わるとわが国はめざましい復活をとげた。焼け野原に次々にビルや家が建ち、通りには人々の笑い声がもどってきた。

4 ねむっている間、われわれは完全に動きを止めているわけではない。ねごとも言うし、ねがえりを一晩に何度もする。はね飛ばしたふとんを、ねむったまま自分でかける人さえいる。

5 元気に「おはよう」と声をかけてもいい。目が合った時にニコッとするのもいい。ていねいにおじぎをするのももちろんいいことだ。気持ちを伝えることは大切だ。

6 好きなチームを応援している時、手のひらに汗をかくことがあるでしょう。また、緊張した時、わきに汗をかいたことはありませんか。このような気持ちに左右される汗を精神性発汗といいます。

★解答と解説は118ページへ。

発展問題

次の文を（　）の指示にしたがって書きかえましょう。

月　日

1 家の手伝いをした。（具体的に）

2 旅行の準備をしました。（具体的に）

3 山田くんのエンピツけずりでエンピツをけずった。（抽象的に）

4 試合の前、胸がドキドキしていたけど、太郎に「いっぱい練習してきたからだいじょうぶさ」と言われてドキドキが消えた。（抽象的に）

★解答例は118ページへ。

読書感想文を書くのがニガテです。コツはありますか？

読書感想文の「書き方」を教えましょう。

読書感想文がとてもラクに書けるパターンがあります。
それがこちらの❶〜❹です。

❶本との出合いを書く
友だちが読んでいた、親にすすめられた、話題になっていた、など。

❷本のあらすじをかんたんに書く
ただし、ここで字数をかせごうとしないように。

❸ア 素晴らしいと感じた場面について書く
・どういうところに感動したのか。
・なぜ素晴らしいのか。

イ 素晴らしいと感じた登場人物の行いについて書く
・なぜ素晴らしいのか。
・自分は同じことをできるだろうか。できないとしたらなぜだろうか。

ウ 登場人物の行いで、もっともいけないと感じたことについて書く
・なぜ人はそういうことをしてしまうのか。
・自分ならどうだろう。
・本当はどうすべきなのか。

❹「素晴らしい行い」ができるようになるには、これから何に気をつけてどう生きていくのがいいか、を書く
また、「いけないこと」をしないためにはふだんから何を心がけるとよいか、どのような人間になりたいのかも書くとよい。

原稿（こう）用紙の枚数などの字数の制限があるでしょうから、
一番短くまとめる場合は、
❶→❷→❸のア→❹
もう少し長くしたいなら
❶→❷→❸のアとウ→❹
さあ、次に感想文を書く時はこの形で書いてみましょう。

第2章

読み取る力をつける

この章では物語文と説明文を勉強します。
物語文の読み取りは随筆文と共通です。
人物の心をどれだけ理解できるかがカギです。
一方、説明文は抽象的なまとめの部分を、
読みながら見つけられるかどうかが試されます。
「読み取る」ことは、とてもおもしろいことですよ。

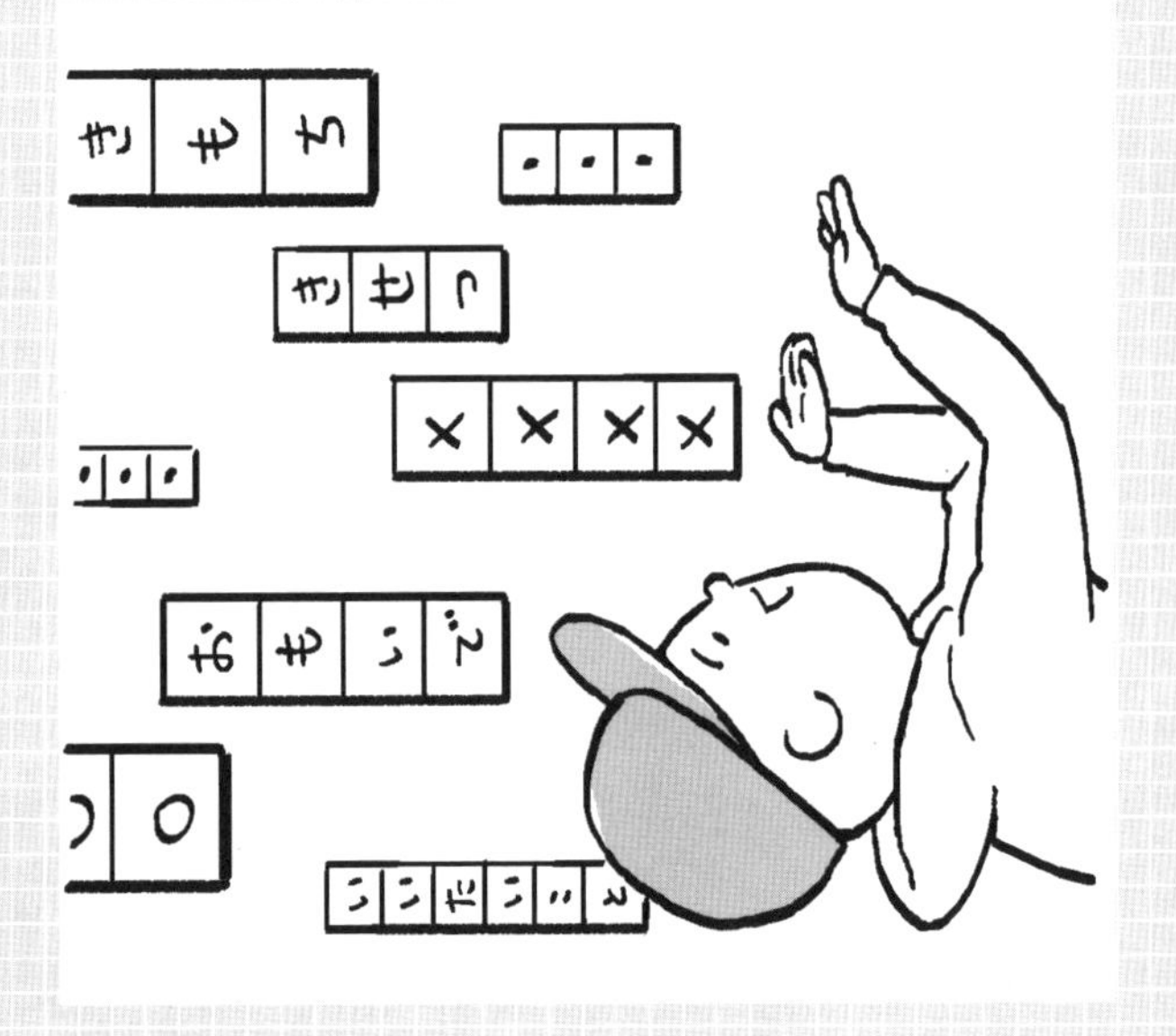

1 頭の中で映画にしよう

月　日

物語を読む時、私たちは頭の中の画面にその様子を思いうかべながら読んでいます。目で見るのと同じで、**頭の中で映画のようにしながら読むとよく理解できるし、印象に残ります。**

ふだん本を読む時は気軽に読んでよいのですが、問題文として物語を読む時は、もっともっと頭をクリアにして、細かいところまで正しく映画にしながら読んでください。

たとえば、次の文を読んでください。

一人の男が階段を上っていった。ドアの前まで来るとだいていた白い子犬をそっとゆかにおろした。

さあ、みなさんには男の顔が見えましたか？　それとも背中が見えたでしょうか？

そうですね。「上っていった」とありますから、みなさんは（カメラは）階段の下から見ているのです。男の後ろすがたを思いうかべたなら正解です。

次に、この短い文章から男の性格は読み取れるでしょうか。

性格はどこにも書いてありません。でも、頭の中で映画にしたみなさんは、この男が子犬を「そっとゆかにおろした」ことに気づいたでしょう。この男はきっと「やさしい」人なのです。

では、今度はもう少し長い文章を頭の中で映画にしてみてください。ちゃんと映画にできたら問いに答えられると思いますよ。

基本問題

月　日

1 次の文章を読んで、後の問いに答えましょう。

太郎はうちの人が帰ってこないうちに一人で表に出てみることにしました。こんな日にどうして家の中でじっとしていられるでしょう。太郎は冒険が大好きなのです。

家の前の通りに出ました。左へまっすぐ行けば小学校です。

すると、真っ白な雪の道を、女の人が小さな男の子の手を引いてやって来るのが見えました。太郎は友だちになりたくて、男の子のほうへ走っていきました。太郎に気がつくと、女の人はにこっと笑ってこう言いました。

「けんちゃん、ほら、かわいいワンワンよ。」

① 線部「こんな日」とはどういう日ですか。

［　　　　］

② 文中の「太郎」とはだれですか。

［　　　　］

2 次の文章を読んで、後の問いに答えましょう。

島がぐんぐん近づいてきた。潮の流れが良かったのだろう、舟はかなり速度を増していた。

せまい舟の中、ぼくのすぐ後ろでは、イヌのハァハァという息づかいが聞こえる。こいつも緊張しているようだ。舟をこいでいるサルもいつになく真剣な顔つきだ。

その時、ぼくらの頭の上を一羽の鳥が追いこしていった。

◆「一羽の鳥」は次のどれだと思いますか。記号で答えなさい。

ア タカ　イ キジ　ウ ハト　エ カラス

［　　　　］

★解答と解説は119ページへ。

2 気持ちをつかむには、まず「性格」から

月　日

物語文や随筆(ずい)文の記述問題で一番出題されるのは「気持ちを説明しなさい」という問いです。

また、「……したのはなぜですか」「どうして……したのでしょうか」という問いもよくありますが、これもほとんどは人の気持ちや考えが答えになります。

つまり、**物語文はどれだけ登場人物の気持ちが読み取れるかで決まる**と言えるでしょう。

そして、気持ちをつかむ時に忘れてならないのは、**その人物の「性格」**です。

たとえば、乱暴者タイプの少年と、おとなしいタイプの女の子がいたとします。信じていた友だちに裏切られたとしたら、二人の感じる気持ちは同じでしょうか。

乱暴者タイプの子なら「あいつ、ぶっ飛ばしてやる」とおこるでしょうし、おとなしいタイプの女の子が「ぶっ飛ばしてやる」とはならないと思います。「そんなことはないわ」と思ったり、もし本当だとわかっても、きっと悲しく思うでしょう。

このように信じていた人に裏切られるという**同じ立場になっても、人によって気持ちはちがってくる**のです。

人の気持ちをつかむには、その人の性格を先につかんでおく必要があります。

1 次の文章を読んで、後の問いに答えなさい。

藪（やぶ）の上へまっさきについたのは、いうまでもなくコトエだった。コトエはそこで、草むらに学校の包（つつ）みをかくして、みんなをまった。吉次とソンキが先をあらそうように走ってきた。つづいて竹一と正と。いちばんおくれてきたのは富士子と仁太であった。仁太は用心ぶかく、シャツやズボンの四つのポケットを、そら豆の煎（い）ったのでふくらましていた。家にあっただけみんな持ってきたのだという。それを気前よくみんなに少しずつ分けてやりながら、いちばんうれしそうな顔をしていた。ぽりぽりいり豆をかみながら一行（いっこう）は出発した。

（壺井栄『二十四の瞳』より）

①仁太はどういう男の子でしょうか。一語で答えなさい。

［　　　　］

②吉次とソンキはどういうタイプだと思いますか。自信がなくてもかまいません。思いつくだけ書いてみましょう。
※吉次とソンキの両方にあてはまるような答えを考えてください。

［　　　　］

★解答例と解説は119ページへ。

2 次の文章を読んで、後の問いに答えなさい。

「かくれ、かくれ。大いそぎで」

マスノの一声は、あとの十一人を猿のようにすばしこくさせ、萱山の中へ走りこませた。がさがさと音がして萱がゆれた。

「じっとして！ 音さしたらいかん」

マスノがうすいくちびるをそらして、少しつった切れ長の目にものをいわせると、竹一や正までが声もからだもひそめてしまった。みんなの背の倍もありそうな笹萱の山は、十二人の子どもをかくしてさやさやと鳴った。


（壺井栄『二十四の瞳』より）

①マスノの性格を二十字以内で答えなさい。

②「竹一」と「正」はこの十二人の中で強い立場、弱い立場のいずれだと思いますか。

〔　　　　〕

★解答例と解説は119ページへ。

3 次の文章を読んで、後の問いに答えなさい。

夜が明けるまでには時間がある。もうイッパイアッテナにも、リエちゃんにも、ロープウエーのおねえさんにもあえないだろうと思うと、ほんのすこし悲しくないこともなかった。でも、そういう悲しみより、いかりのほうが、数千倍も強かった。

※これはルドルフという猫が、仲間のかたきをうつためにブルドッグとの戦いに向かう場面です。勝ち目がないと自分でもわかっていて、もうみんなと会えなくなるだろうとかくごしています。

（斉藤洋『ルドルフとイッパイアッテナ』講談社刊より）

◆ルドルフの性格をかんたんに、二つ以上答えなさい。

★解答例と解説は119ページへ。

応用問題

月　日

次の文章を読んで、後の問いに答えなさい。

運動会の前日、洪作は眠れなかった。この前豊橋へ行く前夜寝つかれなかったと同じように、明日運動会だという昂奮が、その夜の洪作を異常にしていた。洪作は何回もおしっこに起きた。おしっこに起きるといっても大変だった。真っ暗い中を手探りで階下へ降り、土蔵の重い戸を開け、そして庭へ出て、梅の木の根もとへ行った。土蔵の横に厠はあったが、夜はいつも洪作は梅の木の根もとへ行った。三回目に起きた時洪作がくしゃみをしたので、そのあとはおぬい婆さんが襟まきを持って、洪作のあとに従った。そして行き帰り、それで洪作を包んだ。

梅の木の根もとから帰って寝床へはいると、洪作はすぐまた梅の木の根もとへ行きたくなった。おぬい婆さんはすっかり弱り果て、

「じゃ、おまじないをしてやろう」

と言って、床の上に起き上って、口の中で何かぶつぶつ唱えていたが、

「もう、よし、洪ちゃ、これで癒った。な、もうこれで、おしっこへ行きたくなくなったろうが。もう当分、二、三日、おしっこは出んじゃろう」

と言った。二、三日おしっこが出ないと言われると、それはそれで、こんどはそれが洪作の心配になって来た。

「ほんとに出なくなったかどうか験してくる」

洪作は言った。

「やめとき。どうしても出さんならん時は、婆ちゃがまたおまじないを解いてやる」

「解けんかったら」

「解けんなんてことがあろうか」

こんな会話を何回も繰り返したあとで、おぬい婆さんが先に眠り、そして洪作も眠った。

（井上靖『しろばんば』新潮文庫刊より）

①洪作の性格をかんたんに答えなさい。

［　　　　］

②おぬい婆さんの性格をかんたんに、二つ答えなさい。

［　　　　］

［　　　　］

発展問題

月　日

次の文章を読んで、後の問いに答えなさい。

これは清兵衛と云う子供と瓢箪との話である。この出来事以来清兵衛と瓢箪とは縁が断れて了ったが、間もなく清兵衛には瓢箪に代わる物が出来た。それは絵を描く事で、彼は嘗て瓢箪に熱中したように今はそれに熱中して居る……

※この「瓢箪」とは、気に入った形の瓢箪を買ってきて、みがいていい色つやに仕上げていくという趣味で、清兵衛のいる土地では人気がありました。

※縁が断れたのは、こわい父親にやめさせられたのであって、あきてしまったわけではありません。

（志賀直哉『清兵衛と瓢箪』（『清兵衛と瓢箪・網走まで』所収）新潮文庫刊より）

◆この文章から読み取れる清兵衛の性格を説明しなさい。

［　　　　］

★解答例と解説は119ページへ。

★この表は「明」は上に行くほど明るさが増し、「暗」は下に行くほどより暗い感情になります。
また、いずれも左へ行くほど強い感情になっています。
★わからない言葉は、自分で調べたり、大人の人に聞いたりしてください。

明

強

有頂天になる

感動する
感激する

感心する
感銘（めい）を受ける

満足する
心が満たされる

愛する
したう

あこがれる

尊敬する
敬う

いとおしい

得意になる
晴れがましい
ほこらしい

優越（えつ）感を感じる

勇気づけられる
心強い

自信を持つ

親しみを持つ
親近感を感じる

喜ぶ
うれしい

安心する
ほっとする
安どする
胸をなでおろす

うぬぼれる
自負する

納得する

打ち解ける
心を開く

はりきる
発奮する
意欲を持つ

感謝する
ありがたいと思う

興味を持つ
おもしろい

期待する
待ち望む
待ち遠しい
楽しみだ

落ち着く

好奇心をもつ

なつかしい

感傷にひたる

興奮する

驚く
びっくりする
面食らう
あわてる
あっけにとられる

照れくさい
はじらう
はにかむ
面映（おもは）ゆい

はずかしい
ばつが悪い
体裁が悪い
きまりが悪い

強

興奮する

驚く　あわてる
びっくりする　あっけにとられる
面食らう

照れくさい　はにかむ
はじらう　面映ゆい

はずかしい　体裁が悪い
ばつが悪い　きまりが悪い

うろたえる　ちゅうちょする
どぎまぎする　たじろぐ
とまどう　当惑する

不思議に思う　納得いかない
いぶかしがる　ふに落ちない
けげんに思う　釈然としない

うらめしい

気まずい

あきらめる

落ち着かない
あせる
うき足立つ

不満

心もとない
不安になる

気が引ける　やましい
罪悪感を感じる　肩身がせまい
後ろめたい

恐縮する

面倒くさい
わずらわしい

いらいらする　歯がゆい
じれったい　もどかしい

ものうい

困る
閉口する
途方に暮れる

ひるむ
気後れする
しりごみする

疎外感を感じる

未練がましい

こわい　おそれる
おそろしい　おじけづく

軽べつする　見くびる
さげすむ　軽く見る
見下す

しっとする　ねたむ
やく　ひがむ

劣等感を感じる

おこる　逆上する
ふんがいする　かんしゃくを起こす
腹を立てる　くやしい

悲しい　やりきれない
さびしい　いたたまれない
わびしい　胸が痛い
せつない

くやむ　くいる
後悔する　反省する

にくむ
反感をもつ
反発する

自己嫌悪を感じる

嫌悪感を感じる

ゆううつ

失望する
がっかりする
落胆する

残念に思う
無念だ

絶望する
打ちひしがれる

ぼう然とする
放心状態

むなしい

暗

3 言葉や表情、しぐさや行動から気持ちを読み取る

月　日

さぁ、いよいよ気持ちの読み取りです。

小さい子のための絵本ならば
「太郎くんはうれしくなりました。」

「花子は腹を立てた。」

というように気持ちがはっきり書いてあります。

しかし、これからみなさんが出合う物語文は気持ちが書かれることは少ないでしょう。登場人物の、書かれていない気持ちに気づくことが読むおもしろさにつながるのですから。

では、気持ちを読み取るにはどうすればよいでしょう。

それは、**その人物の言葉やしぐさ、行動に注目すること**です。

ここからは練習問題で学んでいきましょう。

練習問題　「言葉」から気持ちを読み取る問題

月　日

次の①～④から読み取れる気持ちをア～オから選び、記号で答えなさい。

① 「お姉ちゃんばっかり…」　〔　　〕
② 「花子ちゃんはずっと待っててくれた」　〔　　〕
③ 「さっきは言いすぎたかな」　〔　　〕
④ 「もうこんな時間」　〔　　〕

ア 反省している。　イ あわてている。　ウ 感謝している。
エ 悲しんでいる。　オ 不満である。

★解答は120ページへ。

練習問題

「表情」から気持ちを読み取る問題

月　日

1 次の①～⑤から読み取れる気持ちをア～カから選び、記号で答えなさい。

①目をぱちくりさせた。〔　　〕

②目をかがやかせた。〔　　〕

③目がぬれていた。〔　　〕

④目をふせた。〔　　〕

⑤まゆをひそめた。〔　　〕

ア 自信がなかった。　イ 悲しかった。　ウ おどろいた。

エ うれしかった。　オ ふゆかいだった。　カ にくらしかった。

2 次の①～⑤から読み取れる気持ちをア～カから選び、記号で答えなさい。

①顔を真っ赤にした。〔　　〕

②ほほをふくらませた。〔　　〕

③くちびるをかんだ。〔　　〕

④うつむいてもじもじした。〔　　〕

⑤目を丸くした。〔　　〕

ア はずかしかった。　イ 楽しかった。　ウ くやしかった。

エ おどろいた。　オ とても腹を立てた。　カ 不満だった。

★解答と解説は120ページへ。

練習問題

「しぐさ・行動」から気持ちを読み取る問題

月　日

1 次の①～⑤から読み取れる気持ちをア～カから選び、記号で答えなさい。

①かたをポンとたたいた。〔　　〕

②言葉を飲みこんだ。〔　　〕

③前を向いて胸をはった。〔　　〕

④深呼吸した。〔　　〕

⑤ゴクリとつばを飲んだ。〔　　〕

ア 言いたくなくなった。　イ おどろいて何も言えなかった。
ウ 緊張してきた。　エ 落ち着こうとした。　オ 堂々としていた。
カ 明るくはげました。

2 次の①～④から読み取れる気持ちをア～オから選び、記号で答えなさい。

①はっと顔を上げた。〔　　〕

②向こうを向いたが、かたがふるえていた。〔　　〕

③足がすくんでしまった。〔　　〕

④そっと背中をおした。〔　　〕

ア 自信を持たせようとした。　イ 悲しかった。
ウ からかいたくなった。　エ こわくなった。　オ 何かに気づいた。

★解答と解説は120ページへ。

練習問題

「情景描写（あたりの様子や景色）」から気持ちを読み取る問題

月　日

3 **次の①～④から読み取れる気持ちをア～オから選び、記号で答えなさい。**

①父親の声が大きくなった。〔　　〕

②横に並んでそっとかたをだき寄せた。〔　　〕

③不思議そうに顔をのぞき込んだ。〔　　〕

④ペダルをこぐ足にいっそう力を入れた。〔　　〕

ア　張り切っていた。　イ　相手の気持ちを知りたかった。
ウ　なぐさめたかった。　エ　おこり出した。　オ　興味を感じた。

次の①～⑤から読み取れる気持ちをア～オから選び、記号で答えなさい。

①雲の切れ間から光がさしてきた。〔　　〕

②少年たちの前にはまっすぐな道がどこまでも続いていた。〔　　〕

③だれが忘れたのか、お砂場に赤いスコップがポツンと残されていた。〔　　〕

④高いがけがかれにおおいかぶさってくるように感じられた。〔　　〕

ア　がんばって行こうと決心した。　イ　きょうふを感じた。
ウ　喜びがあふれた。　エ　明るい気持ちになった。
オ　さびしさを感じた。

★解答と解説は120ページへ。

4 説明文の“大切なところ”探し

月　日

ここでは説明文の読解について話していきますが、実は第1章⑩「具体と抽象」で、文章の抽象部分を見つける練習をしたみなさんは、もう説明文の勉強が半分終わったようなものです。

なぜなら、説明文の大切なところ、つまり要点は抽象部分だからです。**説明文の読解とは、読みながら抽象的な部分を見つけて理解していくことなのです。**

自分の力で、《抽象的な部分＝要点》を見つけるのが一番ですが、実は説明文の要点はいくつかのことを知っていれば必ず見つけられるのです。

では、「いくつかのこと」を見ていきましょう。

❶文章・段落の初めや終わり

説明文の要点はほとんどの場合、その文章の初めや終わりの部分にあります。

一つ一つの段落でも、やはり要点は初めや終わりにあるのがふつうです。

頭括型

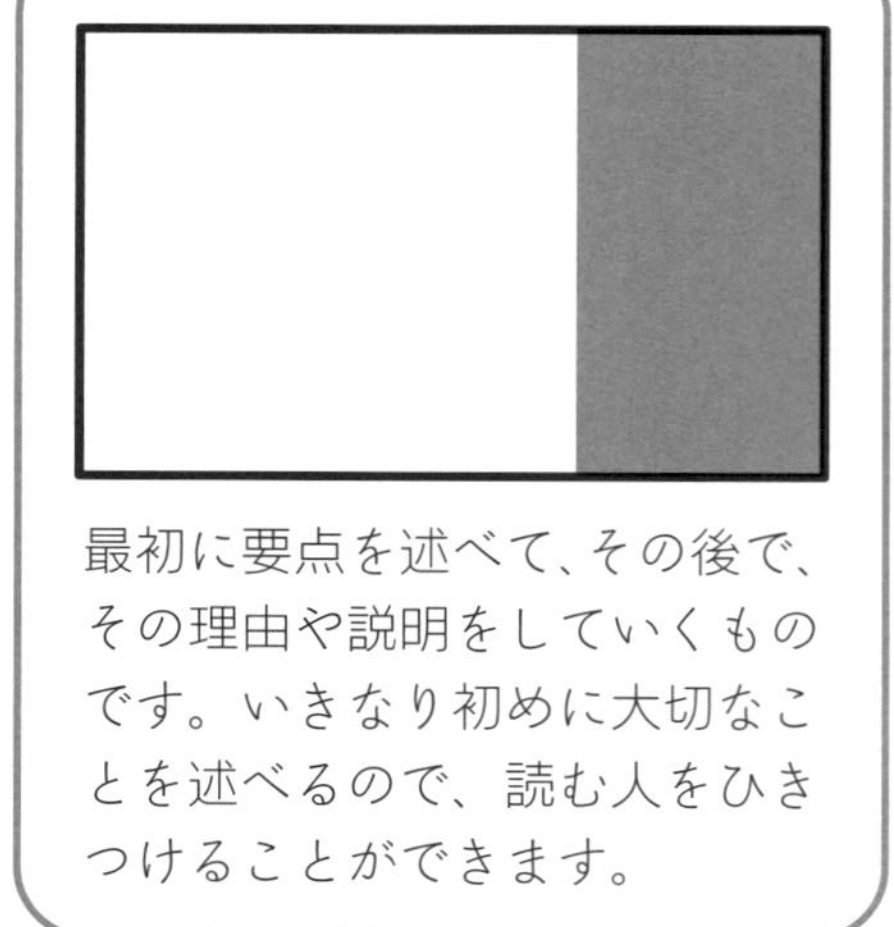

最初に要点を述べて、その後で、その理由や説明をしていくものです。いきなり初めに大切なことを述べるので、読む人をひきつけることができます。

尾括型

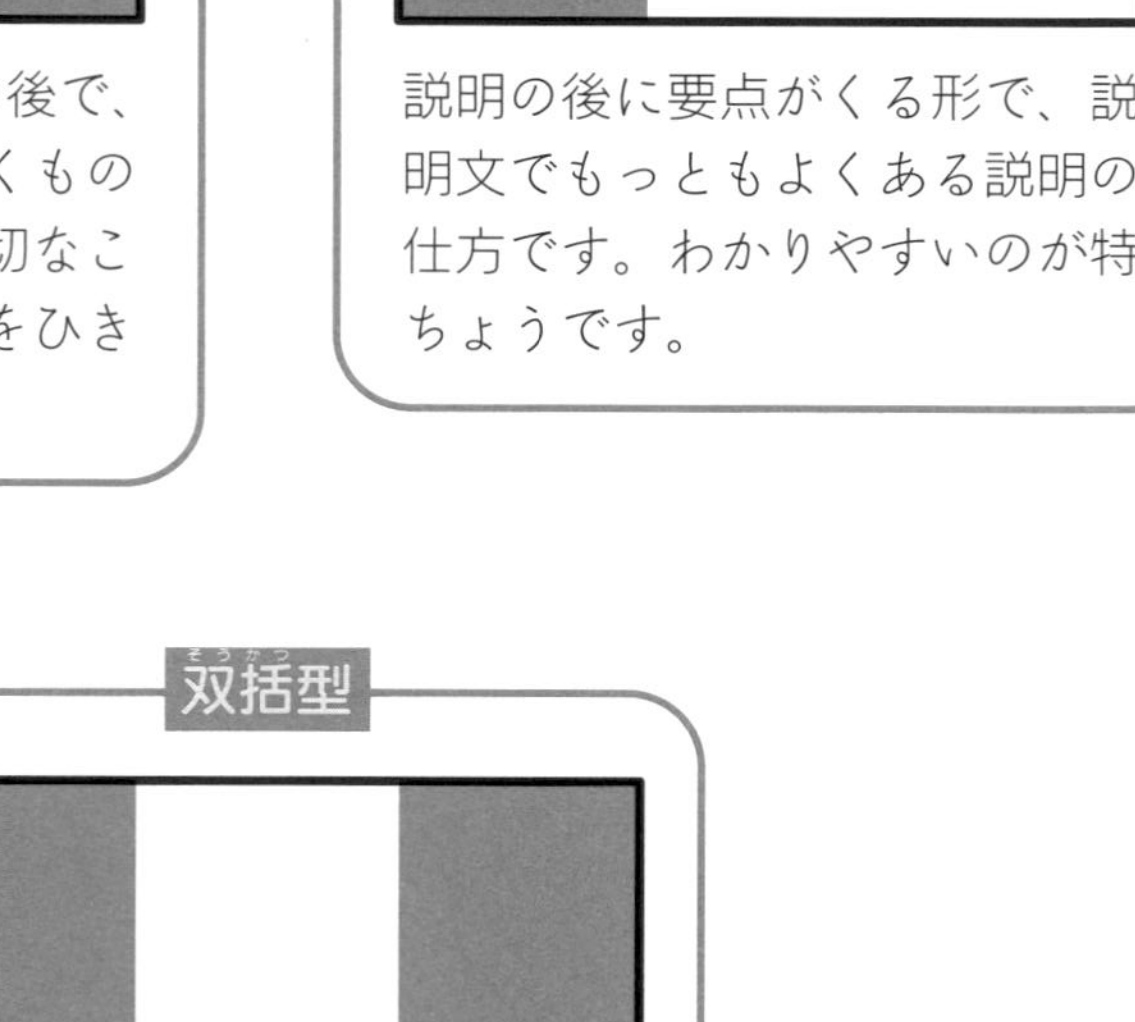

説明の後に要点がくる形で、説明文でもっともよくある説明の仕方です。わかりやすいのが特ちょうです。

双括型

頭括型の仲間のようなものです。頭括型で話を進め、終わりにもう一度要点を繰り返し、理解を深めてもらおうとします。

❷たとえ話の後

説明文にはたとえ話がよく出てきます。わかりやすい話をすることで何か大切なことを伝えようとしているのです。「たとえば…」ときたら、**その話の終わったすぐ後ろ（たまに話の前）に、その話を通して言いたかった大切なことが必ず書かれています。**見つけてください。

たとえ話と同じ働きをするものとして、
- **歴史上の出来事**
- **実例**
- **筆者の見聞（見たり聞いたりしたこと）**

があります。一つずつ説明していきましょう。

歴史上の出来事

説明文でいきなり「昔、織田信長という武将は…」「エジソンは小さいころから…」などと始まったら、それが「歴史上の出来事」です。**その後にはきっと大切なところがあります。**

実例

「大阪では令和三年に…」「二十代の人の60%が…」と説明文とは直接関係ない実際のことが書かれていたら、「実例」です。**直前、直後に要点があります。**

筆者の見聞

「先日、バスの中である親子が…」などと筆者が突然自分の経験を語り出したら、それが「筆者の見聞」です。**その後には大切なことが書かれています。**

❸強調表現の前後

「最も大切なのは…」「忘れてならないのは…」「…が重要なのです」などの強い言い方の前後、そして、「…こそ」「…べき」「…しなければならない／…しないといけない／…なくてはならない／…ねばなりません」の前後には筆者の伝えたいことが必ずあります。

※「…しないといけない」「…しないではいられない」のように、二度打ち消す表現を「二重否定」と言い、強調したい時に使われます。

❹まとめる言葉の後

「つまり」「すなわち」「このように」「これらのことから」などのまとめる言い方の後も重要です。

では、実際の説明文を使って授業スタイルで行きましょう。

> 夜ぐっすりねむって目覚めた朝は、たいへんさわやかな感じがします。反対に、夜ふかしをしたり、寝苦しかったりして、寝不足のまま起きた朝は、なんとなくぼんやりしています。

ここは、何について説明をしていくか、話題を出す段落です。「ねむり」の話かなあ程度に考えればいいでしょう。

> 夜になると、普通は、だれでもねむりますが、いったい、ねむりとは、どういうものなのでしょうか。

ここで「問いかけ」（問題提起とも言う）が出てきました。問いかけは、今から始まる説明文の話題を明らかにします。見つけたら線を引いておきましょう。

第一に、ねむっている間は、せきをしたり、くしゃみをしたりすることはあっても、自由に動き回ることはありません。夢の中でおかしを食べたくなっても、戸棚の所へ行って食べることはしないでしょう。

「夢の中で…」で始まる第二の文は、「おかし」「戸棚」という言葉が使われていますね。

「ねむり」の説明に「おかし」「戸棚」は必要でしょうか。そんなことはありませんね。この文は何か大切なことをわかってもらうためのたとえ話なのです。

「夢の中で宿題を思い出して、机に向かって勉強することはないでしょう」に変えてもいいですね。変えられるということは大切ではない証拠です。

さらに、第一の文にも、ほかの言葉に変えてもかまわないところがあります。わかりますか？　「せきをしたり、くしゃみをしたりすることはあっても」です。

ここは「ふとんをけとばしたり、ねがえりをうったりすることはあっても」に変えてもいいでしょう。ということは、ここも大切ではありません。

そうするとこの段落で残るのは、「第一に、ねむっている間は自由に動き回ることはありません。」というところです。ここが要点です。線を引きましょう。

そして、この段落は要点が初めにあるので「頭括型」と言えます。

第二に、ねむっている人間は、感じがにぶくなっています。そばで悪口を言われても、気が付きません。起きているときに聞こえるぐらいの話し声では聞こえないのです。

さあ、同じ考え方でこの段落もやってみましょう。

ねむりとは関係ない言葉がありますね。気がついたでしょうか。そうです、「悪口」です。第二の文と第三の文は、第一の文をわかってもらうためのたとえ話です。

この段落で言いたいことは「ねむっている人間は、感じがにぶくなる」ということなんですね。

この段落も「頭括型」になっています。

> 第三に、ねむりは、ときどきやって来ます。大人の場合は、普通一日一回です。

ここはかんたんかな。「ねむり」について書かれた第一の文が大切。「大人の場合」は例です。「大人の場合」の前に「たとえば」をつけてみるとわかるでしょ。

> 第四に、ねむりは、人間にとって必要なものです。仮に何日もねむらないでいようといくら努力しても、必ずねむってしまいます。人間は、ねむらずにいることはできないのです。

最後の段落は少し難しくなりますよ。第二の文は「仮に」で始まっています。「仮に」は「たとえば」と同じような意味ですから、この文は大切ではありません。

では、大切なのは…

第一の文と第三の文です。よく読んでください。「ねむりは、人間にとって必要なもの」と「人間は、ねむらずにいることはできない」は言い方はちがうけれど同じことだといえますね。いずれも大切な文。つまり、この段落は短いけれど双括型といえます。

（宮城音弥『ねむりについて』（光村図書出版発行『光村ライブラリー第十七巻「わたし」とはだれか ほか』所収）より抜粋）

基本問題

月　日

1 次の文章の要点の部分を見つけ、右側に線を引きなさい。

友だちが困っていたら何か力になってあげてほしい。悲しんでいるのを見たら、なぐさめてあげよう。大切なのは相手を思いやる心だ。

2 次の文章の要点の部分を見つけ、右側に線を引きなさい。

遊びには、多くの場合、決まりやルールがあり、私たちは遊びながらそれを守ることを覚えます。そして、遊びながら仲間のことを考えるようになります。私たちは遊びを通していろいろなことを学ぶのです。

2 次の文章の要点の部分を見つけ、右側に線を引きなさい。

料理の本には1／2カップなんて言葉がよく出てきますね。また、ケーキを三人で仲良く分けるには三等分しなければなりません。算数はわれわれの生活の中で使われています。

★解答と解説は120ページへ。

月　日

1 次の文章の要点の部分を見つけ、右側に線を引きなさい。

よい行いをすると、相手だけでなく自分も良い気持ちになれるものです。勇気を出して電車で席をゆずった時、困っている友だちに手を貸して「ありがとう」と言われた時、ちょっぴりうれしい気持ちになったことはありませんか。

2 次の文章の要点の部分を見つけ、右側に線を引きなさい。

われわれ日本人は、島国の中で同じ言語を話し、似た環境（かん）の中で生活してきた。国民全体が一つの家族のように結びついている。このような社会では言葉は少なくてよい。「以心伝心」という言葉はその証拠（こ）と言えよう。つまり、われわれは言葉にたよらず、言葉を省略してきたのである。

3 次の文章で、動物たちの例をあげて筆者がわれわれに伝えたかったことは何ですか。文中から見つけ、右側に線を引きなさい。

ニホンカモシカは、日本の山がく地帯にすんでいる。ニホンカモシカの冬毛は、実にりっぱである。体から直角に毛が立つように生えているのだ。カモシカたちは、雪がふっているのに、物かげにも入らず、雪につもれてすわっているときがあるが、その毛を見ると、なるほど、寒さ知らずなのだろうと思う。

毛によって、外気と皮ふの間に空気の層（そう）が作られ、外気の温度のえいきょうを直接受けないようになっているのである。

すぐれた毛皮を身につけているのは、寒い地方にすむ動物だけではない。先に挙げたフェネックも、その体の表面は密生（みっせい）した毛におおわれている。寒い地方の動物の毛皮が防寒用であるのに対して、フェネックの毛皮は、強い太陽熱から身を守り、かんそうした空気によって、水分が体の表面からうばわれるのを防ぐ役目を果たしているのである。

（平成27年度 東京書籍 新編新しい国語5 増井光子「動物の体と気候」）

★解答と解説は120ページへ。

発展問題

月　日

1 次の文章の最も大切な一文を見つけ、初めの五字を書きなさい(句読点なども字数にふくみます)。

ゴッホの絵は、彼が生きているあいだは一般大衆にはもちろん、セザンヌのような同時代の大天才にさえ、こんな腐ったようなきたない絵はやりきれないとソッポをむかれました。当時はじっさい美しくなかったのです。それが今日はだれにでも絢爛たる傑作と思われます。けっしてゴッホの作品自体が変貌したわけではありません。むしろ色は日がたつにつれてかえってくすみ、あせているでしょう。だがそれが美しくなったのです。社会の現実として。こんなことはけっしてゴッホのばあいにかぎりません。受けとる側によって作品の存在の根底から問題がくつがえされてしまう。

こうなると作品が傑作だとか、駄作だとかいっても、そのようにするのは作家自身ではなく、味わうほうの側だということがいえるのではありませんか。そうすると鑑賞――味わうということは、じつは価値を創造することそのものだとも考えるべきです。もとになるものはだれかが創ったとしても、味わうことによって創造に参加するのです。だからかならずしも自分で筆を握り絵の具をぬったり、粘土をいじったり、あるいは原稿用紙に字を書きなぐったりしなくても、なまなましく創造の喜びというものはあるわけです。

(岡本太郎『今日の芸術』光文社文庫社刊より)

★解答と解説は121ページへ。

2 次の文章をよく読んで、筆者の主張が書かれた一文を見つけ、書き抜きなさい。

十数年前、腹部の手術のために入院したことがある。術後数日間はじぶんの身体のことで精一杯だったが、麻酔が切れたあとの痛みもぼちぼち取れてきて、やっとまわりを見る余裕もでてきた頃、ふと、あるひとりの新人ナースとおぼしき女性の不審な行動に気づいた。だれもが眠気に襲われる昼食後のひととき、白衣のその女性は、決まってわたしの前の、意識も半分途切れがちな高齢の男性のベッドにやってきて、付き添い用の椅子に腰かけ、カーテンをわずかに引き、眠りこけているそのおじいさんの布団に覆いかぶさって、ぐたーっと「お休み」をするのだった。

はじめはなんて横着なナース、なんてふてぶてしいナースだと、内心イライラするものがあった。ところがどうも様子がおかしい。ナースはぐっすり眠っているのだが、おじいさんがいつもと違うのだ。おじいさんは相当な高齢者で、食事のときも半分眠っているような覚束ないひとだったのだが、ナースが寝入ると逆に眼を見開いて廊下のほうをじっと見やるようになった。要するに見張り、この若いナースが眠っているのを見咎められないか、しっかり廊下を監視するようになったのだ。そして、上司のナースが通りかかると、彼女の背中をぽんと叩いて起こす。おじいさんの面持ちは、ちょっとこっちが照れるくらいに潑剌としてきた。

そのおじいさんは、病室ではそれまで、何から何までナースに「してもらう」生活だった。他人のために何かをするという生活からは、たぶんほど遠い生活だった。それがだれかのためにじぶんにできることを、その覚束ない意識のなかでそれでも見つけた。

これは大きなことである。じぶんの存在というものが他人のなかで何のポジティヴな意味ももっていないということを思い知らされるのは、何歳になっても辛いことである。じぶんはいてもいなくてもどっちでもいい存在ということを思い知らされるのは。家庭でも、学校でも、職場でも。このおじいさんは、この子はじぶんがいないとだめになると、朧げな意識のなかで感じたにちがいない。そのことがこのひとの顔をいきいきとさせた。

生きる力というものは、じぶんの存在が他人のなかで意味があると感じるところから生まれる。この若いナースにはそういう想いはなかっただろうが、それでも彼女がそこにいるというただそのことが、意とは別におじいさんに力を与えた。たとえ怠慢以外の何ものでもないにしても、彼女がただそこにいるということで、逆に、おじいさんはそこにじぶんがいることの意味を見いだした……。そんなふうにわたしは考えた。

（河合隼雄・鷲田清一『臨床とことば』朝日文庫、朝日新聞出版刊より）

[　　　　　　　　　　　　]

★解答と解説は121ページへ。

5 副助詞は魔法の言葉

月　日

ネコが来た。

この文からは「ネコが来た」こと以外の意味は伝わってきません。そんなの当たり前だと思うかもしれません。

では、次の文はどうでしょう。

ネコも来た。

「ネコが来たこと」もわかりますが、「ほかにも来たものがいること」も伝わってきますね。

この「も」のような**くっつきの言葉は「副助詞」**と呼ばれ、たった一ひらがな一文字〜三文字でありながら、**もうひとつの情報を与えてくれるのです。**

例題

ネコは来た。

↓ネコが来たことと同時に、「だれか来なかったものがいる」ことがわかる。

ネコだけ来た。

↓ネコが来たこともわかるけれど、「ほかにはだれも来なかった」こともわかる。

ネコまで来た。

↓ネコが来たことはもちろん、「ほかにもいろいろ来た」こと、「ネコが来るとは思っていなかった」こともわかる。

基本問題

月　日

1 **イヌも飼っている。**

「イヌを飼っている」ことのほかにどんなことがわかりますか。

〔　　〕

2 **からあげはつまみ食いしてないよ。**

「からあげをつまみ食いしてはいない」ことのほかにどんなことがわかりますか。

〔　　〕

3 **私の試合におばあちゃんまで来てくれた。**

「私の試合におばあちゃんが来てくれた」ことのほかにどんなことがわかりますか。

〔　　〕

4 **早くにげろ。荷物なんか置いていけ。**

「荷物を置いていけ」と言っているのだが、ほかにどんなことがわかりますか。

〔　　〕

5 **犯人の顔は見てません。**

「犯人の顔は見ていない」と同時にどんなことがわかりますか。

〔　　〕

6 **仕事で大阪まで行きます。**

「仕事で大阪に行く」ことのほかにどんなことがわかりますか。

〔　　〕

7 **弟は文句ばかり言っている。**

「弟が文句を言っている」ことと同時にどんなことがわかりますか。

〔　　〕

★解答例と解説は121ページへ。

文章を読んでも内容が頭に入ってきません。なぜですか？

「二度読み」をすると、理解が深まります。

まず次の文章を読んでください。

> 席についた。ギリギリセーフ。まったく自分でもイヤになる。明日からはこの性格は直さなきゃ、ってムリか。
> 仲良しの何人かがぼくのほうを見る。田中がこちらに歩きかけた時、担任の加藤先生が入ってきた。今日はスーツ姿だ。
> まだだいじょうぶ、まだまだ時間はある、そう思っているうちにいつも時間がたってしまうんだ。田中とだって話したいことがいっぱいあったのに。
> 加藤先生が出席を取り始めた。…

ある朝の、どこにでもありそうな場面ですね。とくに難しいところも心に残るところもないと思います。

しかし、これを「卒業式の朝」と思ってもう一度読んでください。さあ、どうでしょう。今度はいろいろと気づくこと、感じ取れることが増えたのではないでしょうか。

「性格を直すのはムリ」…もう明日からはここへは来ないのだから。

「今日はスーツ姿だ。」…卒業式でかちっとしたスーツで来たのだ。

「加藤先生が出席を取り始めた。」…いよいよ小学校最後の出席を取り始めた！

このように**「何の話なのか」がわかったうえで読むと理解は深まるのです。**

もちろん自分で読書をする時には二度読む必要はありません。しかし、国語の勉強として読む時、テストの問題文を読む時は、**問題文にさっと目を通しただけで問いに入るのはよい方法ではありません。**二度読むことで読みは深まるのです。

テストでは時間に制限があるので難しいと思いますが、普段の勉強の時はできるだけ二度読みを実行してください。そうすると、深い読み方をする習慣が身についてきますよ。

得点力アップのコツ

いよいよ最後の章です。
ここはテストの点を上げることが目的です。
今まで勉強した、書く力と読み取る力を使って
五つの「コツ」を身につけてください。
ただし、コツは知っているだけではいけません。
コツのおかげで◯になったという経験をした時、
コツは初めてあなたのものになるのです。
ある程度の問題量をこなしてください。

1 確実に点が取れる「気持ち」の答え方

月　日

物語文で、「気持ちを説明しなさい」という問いには次の形で答えましょう。

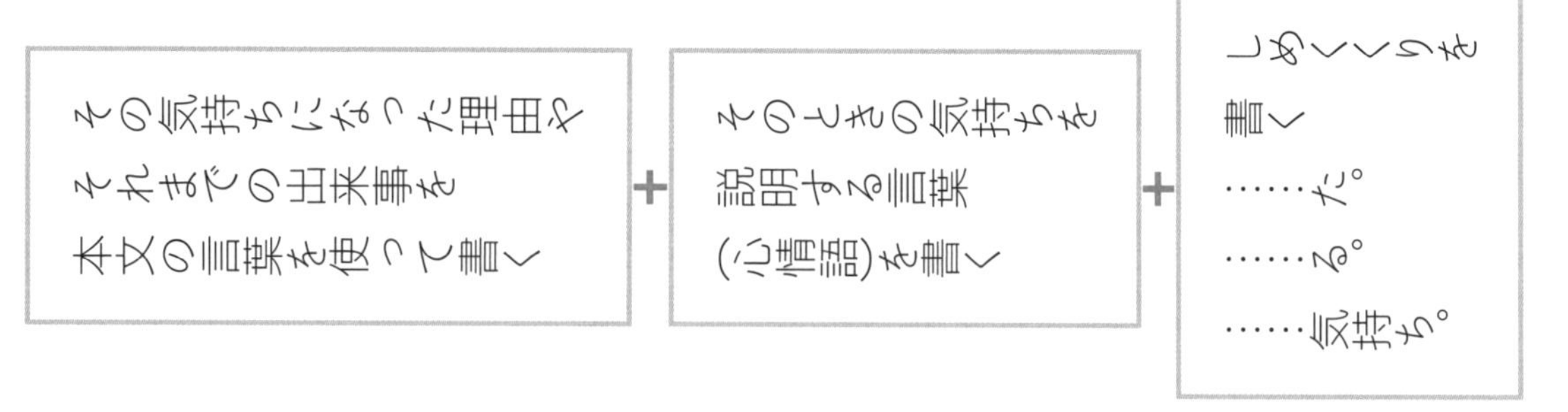

例

みんなに笑われて　はずかしく　なった。
弟の帰りがおそいので　心配に　なっている。

気持ちを答える時に、どうしてその気持ちになった理由を書かなくてはいけないの？

いい質問ですね。

中学入試や塾(じゅく)の問題によく見られる「――線部の気持ちをくわしく説明しなさい。」という問い。こういう問いに「さびしい。」と答えていいでしょうか。もちろんマルはもらえませんね。

この答え、短いからいけないのではありません。

「さびしい」といってもいろいろなさびしさがあるからです。

たとえば、

- **友だちが引っ越してしまって、いつもいっしょに帰っていた学校からの帰り道を一人で帰るさびしさ**
- **楽しみにしていた誕生日パーティーが終わってしまったさびしさ**
- **弟のようにかわいがっていたポチが死んでしまった日のことを思い出したさびしさ**

これらの「さびしさ」は同じでしょうか。

「さびしい」といっても、つまらない感じ、むなしい感じ、泣きたい感じなどいろいろあります。

だから、国語の答えで、さびしい気持ちを答えるとしたら「その気持ちになった理由」を書くことでどういう「さびしさ」なのか、くわしく説明したことになるのです。

「理由」を書いて「心情語」を書く。忘れないでください。

次に、ついやってしまういけない答えを教えましょう。

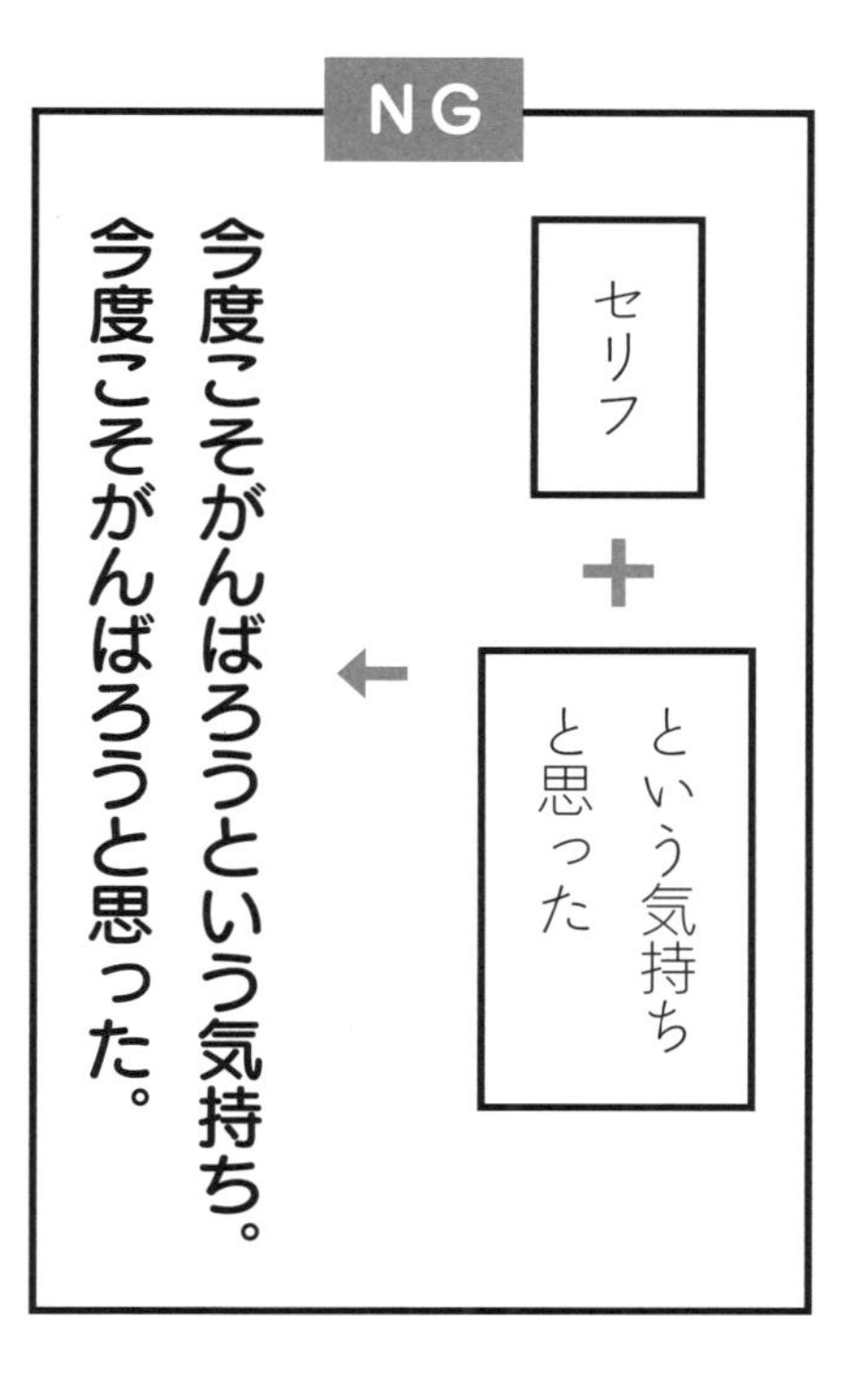

これでは、「もう失敗は許されないと感じて必死になっている」とも考えられるし、「明るく元気に張り切っている」ようにも思えますね。

このように、その人物がその場面で言いそうなセリフをそのまま答えにすると、どんな気持ちなのか、あいまいになってしまってよい答えとは言えません。

セリフの形には気をつけてくださいね。

でも、

今度こそがんばろうと張り切っている。
今度こそがんばろうと自分にちかった。

このように「気持ちを表すことば」を後につければセリフを使っていてもよい答えになります。

基本問題

月　日

1 **次の話は、小学校高学年の宮澤賢治が二つ下の妹のトシと家業（自分たちの家の商売）について話している場面です。この文章をよく読んで、――線部でのトシの気持ちはどんなだったと思いますか。説明しなさい。**

混乱の末、賢治は、直前まで思ってもみなかったことを口走った。

「お前は、どこへも嫁（よめ）に行くな。おらといっしょに家（うち）にいろじゃ」

「ふたりで質屋を？」

「質屋は、おらが。お前はいっぱい話をつくれ」

「話」

トシが、ぽかんと口を半びらきにした。

すうすうと音が立ちそうなほど黒い洞（ほら）だった。賢治はむやみやたらと手ぶりを加えて、

「おらが夜、ふとんで話してやるような、あんな話をお前がつくるんだ、トシ。百も、二百も。そうして一冊の本にして、みんなに読んでもらう。フランスのマロっていう人みたいに」

「え、ええ、おらが」

「お前なら、なれる」

賢治がぽんと肩（かた）をたたくと、トシの目がにわかに光りはじめた。


（門井慶喜『銀河鉄道の父』講談社刊より）

〔　　　　〕

★解答例と解説は121ページへ。

2 次の文章をよく読んで、――線部の気持ちを説明しなさい。

〜ここまでのあらすじ〜

ある日、ケンちゃんと良夫くんはたくさんの算数の宿題を前にして、頭をかかえていました。そのとき庭にいきなり宇宙船のようなものがおりてきて、中から出てきた二人の男は、自分たちはケンちゃんと良夫の子孫だと言うのです…


「ぼくたちの子孫だって？」ケンちゃんは目をまるくした。

「ええ、わたしたちは、あなたたちの、まごの、まごの、ひまごの、そのまたひまごにあたります。」

「ワア、おかしいや。」と良夫くんはわらいだした。

「ぼくたちのまごが、こんなおとなだなんて。」

「わたしたちは、ご先祖がどんなくらしをしているか見にきました。」と二人の子孫はいった。

「あなたたちは、ご先祖ですから、わたしたちも孝行したいと思います。なにかわたしたちにできることはありませんか？」

「①えっ、ほんと？」とケンちゃんはいった。

「じゃ、ぼくのひまごのひまごたち――ご先祖さまのために、しゅくだいをやってくれ。」

「わかりました。やってみましょう。」

未来からきた、二人の子孫は、二人のつくえの前にすわって、算数のしゅくだいをやりはじめた。――ところが、この二人は、おとなのくせに、なかなか問題がとけず、うんうんうなった。

「②だめだなあ、未来人のくせに、こんな問題がとけないの？」

「なにしろ、未来では、計算はたいてい機械がやってくれますので。」と男たちは頭をかいた。

「こんなむずかしい問題をどうやってとくんですか？」

「これは、ツルカメ算のくみあわせじゃないか。」


（小松左京『宇宙人のしゅくだい』講談社刊より）

①［　　　　　　］

②［　　　　　　］

★解答例と解説は122ページへ。

応用問題

1 次の文章をよく読み、——線部の気持ちをくわしく答えなさい。

おばあさんのダリアは、その年の夏、もらわれていったほうぼうの家で、あたらしい花を咲(さ)かせました。おばあさんの庭には、ダリアは咲かなかったけれど、そのかわり、たくさんのほうせん花(か)が、小さなちょうちんのような赤い花を、いっぱいつけました。

「こんなにまあ、たくさん……。種(たね)子をまいておいたおぼえもないのに……。」

ほうせん花が、そろそろ下火(したび)になってくるころにはいつのまにか、たくさんのおしろい花(ばな)が、大きくなりました。去年植(きょねんう)えた、ほんの一株(かぶ)ばかりの種子が、そこらじゅうにこぼれていたものとみえます。おばあさんは、「今年は、花のほうから、わたしをたずねてきてくれる。」そういって、にこにこしました。

たくさんのおしろい花が咲きました。牡丹色(ぼたんいろ)や黄色の小さな花が、ちらちら咲きました。竹垣(たけがき)の外にまで、葉をしげらせて、おばあさんの小さな家は、おしろい花にかこまれてしまいました。

(岡野薫子『おしろい花』/『砂時計』偕成社刊より)

〔　　　　　　　　　　　　　　　　　　〕

★解答例と解説は122ページへ。

月　　日

2 次の文章をよく読み、——線部の喜一の気持ちをくわしく説明しなさい。

〜ここまでのあらすじ〜

信雄と喜一の二人は、信雄の父がくれたおこづかいを持って縁日に行くところです。二人のお目当ては、火薬の力で飛んでゆくおもちゃのロケットです。

氷飴屋の前に立ったとき、

「一杯だけ買うて、半分ずつ飲めへんか？」

と喜一が誘った。ロケットを買ってからにしようという信雄の言葉でしぶしぶその場を離れたが、こんどは焼きイカ屋の前でも同じことをせびった。飲み物や食べ物を売る店の前に来ると、喜一は必ず信雄の肘を引っぱって誘うのだった。

「きっちゃん、ロケット欲しいことないんか？」

喜一の手を振りほどくと、信雄は怒ったように言った。
<u>「ロケットも欲しいけど、僕、いろんなもん食べてみたいわ」</u>
口をとがらせて、喜一は脛の虫さされのあとを強く掻きむしった。

（宮本輝「泥の河」／（『螢川・泥の河』所収）新潮文庫刊より）

［　　　　　　　　　　　　　　　　　　　　］

★解答例と解説は122ページへ。

発展問題

1　次の文章をよく読んで、――線部の気持ちをくわしく説明しなさい。

〜ここまでのあらすじ〜

ルドルフ、ブッチー、そしてイッパイアッテナは仲良しの三人組のノラネコ。ある日、イッパイアッテナはブルドッグのデビルにかまれて大けがをしてしまいました。ルドルフはバスで故郷に帰る計画を中止して、死をかくごしてひとりでデビルと戦うことを決めました。


「ブッチー、おまえは六時半をすこしすぎたら、イッパイアッテナのところにもどって、ぼくがちゃんとバスに乗ったっていってくれ。」

ブッチーは、なにも答えずについてくる。あと五分も歩けば、あのあき地だ。

「ルドルフ、おれにも手つだわせてくれよ。」

こんどは、ぼくがだまる番だった。

「おれな、※ステトラがあんな大けがしたっていうのに、おれだけ無傷で帰ったのが、はずかしくってな。」

ふたりは、しばらくだまって歩いた。もう、あのコンクリートべいが見えてきた。

とうとう、へいの下までやってきた。

「じゃあ、いくか。」

ぼくがそういうと、ブッチーはゴクリとつばを飲んで、うなずいた。

ぼくたちは、ひらりと、へいにとびのった。

「あそこだ。ほら、あのまどの下。」

ブッチーが、小さな声でいった。

※ステトラ…ブッチーはイッパイアッテナをこう呼んでいます。

（斉藤洋『ルドルフとイッパイアッテナ』講談社刊より）

［　　　　　　　　　　　　　　　　］

月　　日

★解答例と解説は122ページへ。

2 次の文章をよく読んで、――線部の気持ちをくわしく説明しなさい。

〜ここまでのあらすじ〜

今日は運動会。小学3年生の洪作は運動場の生徒席でお昼の弁当を食べていた。そのとき、おぬい婆さんが運動場を横切ってこちらに歩いてくるのが見えた。運動場は競技のとき以外は立ち入ってはいけないことになっているので、ひとりの教員がメガホンを使って大声でおぬい婆さんに注意した。笑い声が起こり、洪作ははずかしくなった。

「運動場を歩かないで、父兄席の裏を廻って下さい」

また教員の声がメガホンにのって聞こえた。おぬい婆さんは再び立ち停ったが、こんどは口に手を持って行って、何か叫んだ。勿論その声は聞えなかった。おぬい婆さんはまたのこのこ歩き出した。そしてとうとう運動場を突っ切ってしまうと、生徒の陣取っている席の方へやって来て、

「お裏の洪ちゃは居るかや、お裏の洪ちゃは居るかや」

と言いながら、生徒席の前を歩き出した。

洪作はすっかり恥ずかしくなっていた。穴があったらはいりたい気持だった。洪作は仕方ないので、恥ずかしいのを我慢して、縄をまたいでおぬい婆さんのところへ駈け寄って行った。

「洪ちゃ、たまご」

おぬい婆さんは言った。

「洪ちゃ、卵なんて要らん」

「要らんことがあろうかさ」

「早く向うへ行って！ 運動場へはいったら叱られるじゃないか」

「なんの、構うことがあるべえか。ちゃんと税金払ってる」

おぬい婆さんはまた運動場を横切って自分の席の方へ歩いて行った。こんどはそれをとめる教員の声は聞えなかった。おぬい婆さんの姿が運動場を横切ってしまうまで洪作は小さくなっていた。ゆで卵を食べるどころではなかった。

(井上靖『しろばんば』新潮文庫刊より)

[　　　　　　　　　　　　　　　　]

ヒント…人物の気持ちは、いつも一つとはかぎりませんよ。

★解答例と解説は122ページへ。

2 確実に点が取れる「理由」の答え方

月　日

物語文で、登場人物の言ったこと、したことなどに関して「なぜ……したのか」「……したのはどうしてか」と理由を聞かれたら次の形で答えましょう。

「その人の心の中にある理由」というのが大切なのです。どうして大切なのか、説明しましょう。

例題

先生にあてられたA子は、自信をもって大きな声で答えを言った。そのとたん、教室中に笑い声が起こった。A子は真っ赤になった。

問　A子はなぜ真っ赤になったのですか。

残念な答え→→→**みんなが笑ったから。**

なぜ残念な答えなのでしょうか。みんなに笑われて、おこり出す人もいるでしょう。「みんなが笑ったから。」ではおこり出した理由にもなってしまうのです。気のあらい男の子だったらまちがいなくおこり出すでしょう。

そこで、「その人の心の中にある理由」の登場です。A子が真っ赤になったときの心の中＝「はずかしい」をさっきの答えに加えると、

みんなが笑ったので、はずかしくなったから。

これなら真っ赤になった理由として文句なしです。

では、この答え方を使って練習問題を解いてみましょう。

基本問題

月　日

――線部のようにしたのはどうしてですか。くわしく説明しなさい。

ここまでのあらすじ

鹿児島に転勤してすぐだから、私が小学校四年生、弟が二年生の時でした。弟の同級生で富迫君という少年がいました。弟は内気なたちで、転校するとなかなか友だちができないのですが、この富迫君とはすぐ仲よくなりました。

弟も小柄だったが富迫君はもっとチビで、顔も目玉も声もすべて小さい子供だった。面差しが鼠に似ていた。弟と一緒に学校から帰って、ランドセルを置きに子供部屋に入ると、※梁から鼠が顔を出したことがあった。

「あ、富迫君」

と私がいったら、弟は物もいわず草履袋で私を引っぱたいた。

富迫君は父親がなく、母親と二人暮しだった。ゆとりのない暮しとみえて、身なりもみすぼらしかった。

父は富迫君を可愛がった。身勝手な人間で、自分の仕事関係の客は無理をしてでももてなすが、子供の友達などうるさがった人だが、富迫君だけは別だった。父は、父親を知らない自分を、親戚から村八分にあいながら、母親の賃仕事で大きくなった惨めな自分の少年時代を彼の上に重ねて見ていたのだろう。

※梁…柱と柱の上に横にわたして屋根を支えている太い木。

（向田邦子『新装版　父の詫び状』文春文庫刊より）

［　　　　］

★解答例と解説は122ページへ。

応用問題

1 ――線部の理由を考えて説明しなさい。

～ここまでのあらすじ～

島の小さな分校の一年生はみんな大石先生が大好き。しかし大石先生はアキレス腱を切ってもう長いこと学校を休んでいます。子どもたちは親に内緒で二時間の道のりを歩いて先生に会いに行くことにしました。歩きつかれて泣き出した子もいて、とほうにくれていると、そこにバスが通りかかり…


「おなごせんせえ」

途中でバスがとまり、女先生をおろすとまた走っていった。松葉杖によりかかって、みんなをまっていた先生は、そばまでくるのをまたずに、大きな声でいった。

「どうしたの、いったい」

走りよってその手にすがりつきもならず、なつかしさと、一種のおそろしさに、そばまでゆけず立ちどまったものもあった。

「先生の、顔みにきたん。遠かったあ」

仁太が口火をきったので、それでみんなも口ぐちにいいだした。

「みんなでやくそくして、だまってきたん、なあ」

「一本松が、なかなか来んので、コトやんが泣きだしたところじゃった」

「せんせ、一本松、どこ？　まだまだ？」

「足まだ痛いん？」

笑っている先生の頬を涙がとめどなく流れていた。なんのことはない、一本松も先生の家も、すぐそこだとわかると、また歓声があがった。

「ほたって、一本松、なかなかじゃったもんなあ」

「もう去のうかと思たぐらい遠かったな」


（壺井栄『二十四の瞳』より）

月　日

★解答例と解説は123ページへ。

2 ――線部はなぜですか。説明しなさい。

「気持ちの答え方」の発展問題の2、運動会のお話の、前の晩の場面です。明日が運動会だと思うと洪作は興奮して眠れませんでした。

運動会の前日、洪作は眠れなかった。この前豊橋へ行く前夜寝つかれなかったと同じように、明日運動会だという昂奮が、その夜の洪作を異常にしていた。洪作は何回もおしっこに起きた。おしっこに起きるといっても大変だった。真っ暗い中を手探りで階下へ降り、土蔵の重い戸を開け、そして庭へ出て、梅の木の根もとへ行った。土蔵の横に厠はあったが、夜はいつも洪作は梅の木の根もとへ行った。三回目に起きた時洪作がくしゃみをしたので、そのあとはおぬい婆さんが襟まきを持って、洪作のあとに従った。そして行き帰り、それで洪作を包んだ。

梅の木の根もとから帰って寝床へはいると、洪作はすぐまた梅の木の根もとへ行きたくなった。おぬい婆さんはすっかり弱り果て、……

（井上靖『しろばんば』新潮文庫刊より）

★解答例と解説は123ページへ。

発展問題

1 ――線部の理由をくわしく説明しなさい。

〜ここまでのあらすじ〜
清兵衛は瓢箪作りが趣味です。ある日飛びつきたいほどの瓢箪と出会い、その瓢箪が手放せなくなりました。授業中も瓢箪をみがいてしまい、教師に見つかり、瓢箪は取り上げられてしまいました。

さて、教員は清兵衛から取り上げた瓢箪を穢れた物ででもあるかのように、捨てるように、年寄った学校の小使にやって了った。小使はそれを持って帰って、くすぶった小さな自分の部屋の柱へ下げて置いた。

二ヶ月程して小使は僅かの金に困った時に不図その瓢箪をいくらでもいいから売ってやろうと思い立って、近所の骨董屋へ持って行って見せた。

骨董屋はためつ、すがめつ、それを見ていたが、急に冷淡な顔をして小使の前に押しやると、

「※五円やったら貰うとこう」と云った。

小使は驚いた。が、賢い男だった。何食わぬ顔をして、

「五円じゃ迚も離し得やしえんのう」と答えた。骨董屋は急に十円に上げた。小使はそれでも承知しなかった。

結局五十円で漸く骨董屋はそれを手に入れた。

※この時代の五円は、今の十万円ほどになります。

（志賀直哉「清兵衛と瓢箪」（『清兵衛と瓢箪・網走まで』所収）新潮文庫刊より）

［　　　　　　　　　　］

★解答例と解説は123ページへ。

月　日

2 **帰り道の途中で泣きたくなってもがまんしたのに、無事に家に着いてから――線部のように急に泣き出したのはなぜだと思いますか。くわしく説明しなさい。**

〜ここまでのあらすじ〜

トロッコで土や荷物を運ぶ様子を見るのが大好きな良平は、いつも村はずれにその作業を見に行っていました。そして、いつかトロッコを押したいと思っていました。ある日、願いがかなって二人の作業員といっしょにトロッコを押すことができ、そればかりか乗ることもできて良平は夢中になっていました。しかし、これまで来たことがないほど遠くまで来たことに気づき不安になった時、二人は急に良平にひとりで帰るように告げました。

蜜柑畑へ来る頃には、あたりは暗くなる一方だった。「命さえ助かれば――」良平はそう思いながら、辷ってもつまずいても走って行った。

やっと遠い夕闇の中に、村外れの工事場が見えた時、良平は一思いに泣きたくなった。しかしその時もべそはかいたが、とうとう泣かずに駆け続けた。

彼の村へはいって見ると、もう両側の家家には、電燈の光がさし合っていた。良平はその電燈の光に、頭から汗の湯気の立つのが、彼自身にもはっきりわかった。井戸端に水を汲んでいる女衆や、畑から帰って来る男衆は、良平が喘ぎ喘ぎ走るのを見ては、「おいどうしたね？」などと声をかけた。が、彼は無言のまま、雑貨屋だの床屋だの、明るい家の前を走り過ぎた。

彼の家の門口へ駆けこんだ時、良平はとうとう大声に、わっと泣き出さずにはいられなかった。その泣き声は彼の周囲へ、一時に父や母を集まらせた。殊に母は何とか云いながら、良平の体を抱えるようにした。が、良平は手足をもがきながら、啜り上げ啜り上げ泣き続けた。

（芥川龍之介『トロッコ』より）

〔　　　　　　　　　　〕

★解答例と解説は123ページへ。

月　日

3 指示語の解き方のコツ

太郎(たろう)は学校の帰り道で白いふうとうを見つけた。それは……

「それ」は何を指しているでしょう。
多くのみなさんが「白いふうとう」と思ったのではないでしょうか。

例文ア

太郎は学校の帰り道で白いふうとうを見つけた。それは銀行のマークの入った大きなものだった。

指示語の後にこういう文が続いていたら、たしかに「白いふうとう」を指しています。
でも、文章がこう続いていたらどうでしょう。

例文イ

太郎は学校の帰り道で白いふうとうを見つけた。それは先週の日曜のことだった。

答えは「白いふうとう」でいいでしょうか。この場合の「それ」が指すのは「白いふうとうを見つけたこと」ではないでしょうか。

私が何を考えてほしいか、もうわかりましたか。そうです。**指示語の問題は、指示語の後を読まなければ、答えは決められないのです。**

では、指示語の問題の解き方を勉強していきましょう。

解き方のコツ❶　答えは前にある。

指示語は一度言ったり、書いたりした言葉をもう一度くり返す代わりをする言葉です。ですから、**指示語が指す内容は指示語より前にあります。**

解き方のコツ❷　指示語の後をよく読む。

最初のところで説明したように、次に大事なのに、指示語の後を読むことです。後に何と書いてあるかによって、その指示語が何を指すか、見当がつくのです。「それは銀行のマークの入ったものだった。」と後に書いてあれば、「それ」は銀行のマークの入るようなものなのです。それに対して、後に「それは先週の火曜のことだった。」とあれば、「それ」は火曜の出来事を指しています。必ず指示語の後をよく読んで、**前に書いてある何を指しているのか、考えるようにしましょう。**

解き方のコツ❸　考えた答えを短い形にする。

次は、今説明したコツの❶・❷から答えを考えることです。
これかな？　と思ったらそれを短い形にしましょう。
例文のアの場合は「白いふうとう」、イの場合は「見つけたこと」。

解き方のコツ❹　短い形にした答えを指示語の代わりに入れて読む。

次にするのは、考えた答えを指示語のところに入れて読んでみることです。最初の例題のアの文章の場合、「それ」＝「白いふうとうは銀行のマークの入った大きなものだった。」となります。いいですね。

解き方のコツ❺　答えをくわしくする。

さぁ、最後に、自分の答えが正しいと思ったら、**その答えをくわしい答えにしましょう。**答えの「白いふうとう」の上に文章中の言葉をのせて、くわしくするのです。「学校の帰りに見つけた白いふうとう」。これでもいいでしょうが、「太郎が学校の帰りに道で見つけた白いふうとう」、これが文句なしの正解です。

では、練習問題に入りましょう。

基本問題

月　日

次の①～④の――線の言葉が何を指しているかを答えなさい。

①私はもらった台本の中に読めない字があることに気づいた。それはクラスで行う劇のためのものだった。

〔　　　　〕

②私は台本の中に読めない字があることに気づいた。それは見たこともないもので、すごい画数だった。

〔　　　　〕

③ホテルのすぐそばの海岸で美しい貝を拾った。調べてみたら、それはさくら貝だとわかった。

〔　　　　〕

④ホテルのすぐそばの海岸で美しい貝を拾った。それはここへ来た日のことだ。

〔　　　　〕

★解答例と解説は123ページへ。

応用問題

次の文章を読んで、——線の言葉がどんなことを指しているか答えなさい。

1 自分の夢を実現させるためには何が必要だろうか。それは勇気と努力だ。

〔　　　　　　　　　　　　　　　　　　　　〕

2 「もう日が暮れる」——彼はそう考えると、ぼんやり腰かけてもいられなかった。トロッコの車輪を蹴って見たり、一人では動かないのを承知しながらうんうんそれを押して見たり、——そんな事に気もちを紛らせていた。

（芥川龍之介『トロッコ』より）

〔　　　　　　　　　　　　　　　　　　　　〕

3 約束の時間をとっくに過ぎているのに、ママからは何の連絡もなかった。いつもだったらそんなことはしないのだが、困ってしまったいつちゃんは、一人で買い物に行くことに決めて、くつをはいた。

〔　　　　　　　　　　　　　　　　　　　　〕

★解答例と解説は123~124ページへ。

発展問題

次の文章を読んで、――線の言葉がどんなことを指しているか答えなさい。

月　日

1

ジャンプ！

からだ全体がピンとのびて、一本の矢のようになる。

水の上は、土の上より空気が冷たく、しめっている。鼻で①それがわかった。

ぼくは、からだがいちばん高くなるすんぜんで、

「いまだ！」

とさけんだ。②それは、まさに、デビルが、ぼくを追って、池のへりでジャンプしたしゅんかんでもあった。

「ギャオーン！」

ブッチーが右手のしげみの中から、大声をあげて顔を出した。


（斉藤洋『ルドルフとイッパイアッテナ』講談社刊より）

①

②

2

その後十日余りたってから、良平は又たった一人、午過ぎの工事場に佇みながら、トロッコの来るのを眺めていた。すると土を積んだトロッコの外に、枕木を積んだトロッコが一輌、①これは本線になる筈の、太い線路を登って来た。このトロッコを押しているのは、二人とも若い男だった。良平は彼等を見た時から、何だか親しみ易いような気がした。「この人たちならば叱られない」――彼は②そう思いながら、トロッコの側へ駆けて行った。

★解答例と解説は124ページへ。

「おじさん。押してやろうか？」
その中の一人、――縞のシャツを着ている男は、俯向きにトロッコを押したまま、思った通り快い返事をした。
「おお、押してくよう」

（芥川龍之介『トロッコ』より）

①〔　　　　〕

②〔　　　　〕

3

みんなは立ちどまって、ぽかんとした顔で泣いている三人を見ていた。じぶんたちも泣きたいほどなのだ。元気づけてやることばなど、出てこなかった。きびすをかえせばよいのだ。もう帰ろうや、と、だれかがいえばよいのだ。しかしだれも、それさえいいだす力がなかった。

（壺井栄『二十四の瞳』より）

〔　　　　〕

4

おれは何が嫌いだと云って人に隠れて自分だけ得をするほど嫌いな事はない。兄とは無論仲がよくないけれども、兄に隠して清から菓子や色鉛筆を貰いたくはない。なぜ、おれ一人にくれて、兄さんには遣らないのかと清に聞く事がある。すると清は澄したものでお兄様はお父様が買ってお上げなさるから構いませんと云う。これは不公平である。おやじは頑固だけれども、そんな依怙贔屓はせぬ男だ。しかし清の眼から見るとそう見えるのだろう。全く愛に溺れていたに違いない。

（夏目漱石『坊ちゃん』より）

〔　　　　〕

★解答例と解説は124ページへ。

4 接続詞の空欄補充問題の解き方＆見直し方

月　日

さぁ、つなぎ言葉（接続詞）などの空欄補充問題の解き方・見直し方をお話ししましょう。中学受験でも、漢字とともに最もよく出題される問題です。まず、解き方からいきましょう。

例題

……☆[A]……
……☆[B]……
……☆☆[C]……
……☆☆☆[D]……

問　文中の[A]～[D]にふさわしい言葉を次から選び、記号で答えなさい。

ア　あるいは　イ　しかも　ウ　さて　エ　たとえば

解き方❶

まず、右の図を見てください。「・・・・」は文章だとします。[A]～[D]にふさわしいつなぎ言葉を入れていくのですが、☆一つはやさしい問題、☆☆は正解率50%、☆☆☆は難問だと思ってください。これを[A]から順に解いていくと、まぁ[A]と[B]はできる人がほとんどでしょう。

そして、[C]を解くのですが、[A]と[B]に入れた言葉は使えないとすると、残ったつなぎ言葉二つの中から[C]に入るものをさがすのは50%よりやさしいのではないでしょうか。そして、最後に残った言葉を[D]に入れます。こうすれば一番難しい問題が自然にできてしまいます。

もちろん、いつもやさしい順に並んでいるわけではありません。

そこで、うまい解き方を教えます。文章を読みながら順に解いていくのではなく、**全部読み終わってから、すぐわかったところ、どうしてその言葉が入るのか、理由が言えるところから解いていくのです。**そうすれば、この例のようにいつも有利に解くことができます。

解き方❷

そして、もう一つ、役に立つ解き方を教えましょう。みなさんは、入れやすいつなぎ言葉があることに気づいていますか？　それは

●話が変わる時に使われ、段落の最初にくることが多い

……「さて」「ところで」「では」

●空欄(らん)の前と後が似た言い方になっている

……「あるいは」「または」「また」「しかも」「さらに」

●空欄の後に具体的な話がきている

……「たとえば」

●空欄に「言いかえると」「まとめて言うと」「わかりやすく言えば」などが入る

……「つまり」「すなわち」

答えの候補を見て（この例題の場合、ア〜エ）、その中で入れやすいものについて、どこに入るかを考えていくのです。この二つの「解き方」を実行すれば、必ず今までより◯が取れます。

次に、見直し方に行きます。

みなさんは「見直し」と言うと、なんとなく最初に解いた時と同じ考えで、「ふむふむ、やっぱりこれでいいな」

なんて、形だけの見直しになっていませんか。

そこで、最強の見直し方をお教えします。

たとえば先ほどの例でお話をすると、A〜Dの中で、Cが一番難しかったとしましょう。一番自信がないCに図のように「ア」を入れたとします。

見直し方は簡単です。Cに「ア」以外の答えを入れて読んでみるのです。

A	イ	B	ウ	C	ア（イ・ウ・エ）	D	エ

もし、Cに「イ」も入るぞ、なんてことになったら、AとCの答えを入れかえたほうがいいかも。そこから本気の見直しが始まります。

ぜひ、次のテスト、または問題集を解く時、やってみてください。

基本問題

月　日

1 次の文章の A と B にふさわしい言葉を後のア〜ウから選び、記号で答えなさい。

・カガミを使うおもな目的は、自分の顔やすがたを映すことで、いまでは、どこの家にもガラスのカガミがいくつもあって、自分のすがたを映すことはあたりまえになっています。

・ガラスのカガミのなかった時代、カガミは貴重品で、人びとは、器に水をはった水鏡や、青銅などをみがいた金属製のカガミに自分の顔を映していました。そして、カガミに対して、特別な気持ちをいだいていました。

・ A 、カガミには、映った像にその人のたましいがやどるとか、カガミの向こう側に別の世界があるように考えました。

・ B 、カガミは目に見えない心の中や真実まで映し出し、その人の性格や本性もカガミはあばき出す、あるいは、人間のかたちをした化け物も、カガミに映すとその正体が現れる、とも信じられていました。

・カガミの向こう側に別の世界があるということについては、ルイス・キャロルの『鏡の国のアリス』のお話で、たのしく描かれています。

（立花愛子『カガミの実験』さ・え・ら書房刊より）

ア　また　　イ　なぜなら　　ウ　たとえば

A	B

★解答と解説は124ページへ。

2 次の文章の A ～ C にふさわしい言葉を後のア～ウから選び、記号で答えなさい。

今の私たちは、お金さえあれば一人でも生きていける社会に生きています。

A 、普通の人間の直感として、「そうは言っても、一人はさびしいな」という感覚がありますね。本当に世捨て人のような生活が理想だという人もいないわけではありませんが、たいてい、仮にどんなに孤独癖の強い人でも、まったくの一人ぼっちではさびしいと感じるものです。

B なぜ一人ではさびしいのでしょうか。やはり親しい人、心から安心できる人と交流していたい、誰かとつながりを保ちたい。そのことが、人間の幸せのひとつの大きな柱を作っているからです。 C ほとんどの人が友だちがほしいし、家庭の幸せを求めているわけです。

（菅野仁『友だち幻想 人と人の〈つながり〉を考える』筑摩書房刊より）

ア だから　イ でも　ウ では

A		B		C	

★解答と解説は124ページへ。

応用問題

月　日

1 次の文章の［A］・［B］にふさわしい言葉を後のア〜エから選び、記号で答えなさい。

子育てということをじっくり考え直してみると、特に子どもが思春期に近づくにつれて、じつは一見すると矛盾した働きかけを、親は子にしなければならないことに気づきます。それはどういうことかというと、子どもが自立できる方向を見定めながら、丁寧に手間暇かけて育てなければならない、ということなのです。自立させるために手をかけるということは、正反対の※ベクトルを意識しながら子どもに働きかけをしなければならないわけなので、なかなか難しいことですね。

その辺を勘違いしている親御さんがいるような気がします。［A］、小学校高学年ぐらいになって子どもが自分の身の回りのことを一応全部できるようになったり、それなりに親と対等な口のきき方でコミュニケーションができるようになったときに、「もう子育ては終わった」［B］「この子は私の手を離れた」と思ってしまう人が少なからず見受けられるのです。

※ベクトル…ここでは「ある方向への行動」の意味。

（菅野仁『友だち幻想 人と人の〈つながり〉を考える』筑摩書房刊より）

ア だから　イ やはり　ウ つまり　エ あるいは

A	
B	

★解答と解説は124ページへ。

2 次の文章の[A]～[D]にふさわしい言葉を後のア～オから選び、記号で答えなさい。

コペル君、君も大人になってゆくにつれて、だんだんと知って来ることだが、貧しい暮しをしている人というものは、たいてい、自分の貧乏なことに、引け目を感じながら生きているものなんだよ。自分の着物のみすぼらしいこと、自分の住んでいる家のむさ苦しいこと、毎日の食事の粗末なことに、ついはずかしさを感じやすいものなのだ。[A]、貧しいながらちゃんと自分の誇りをもって生きている立派な人もいるけれど、世間には、金のある人の前に出ると、すっかり頭があがらなくなって、[B]自分が人並みでない人間であるかのように、やたらにペコペコする者も、決して少なくはない。こういう人間は、無論、軽蔑に値する人間だ。金がないからではない。こんな卑屈な根性をもっているという点で、軽蔑されても仕方がない人間なのだ。

――[C]、コペル君、たとえちゃんとした自尊心をもっている人でも、貧乏な暮しをしていれば、何かにつけて引け目を感じるというのは、免れがたい人情なんだ。[D]、お互いに、そういう人々に余計なはずかしい思いをさせないように、平生、その慎みを忘れてはいけないのだ。人間として、自尊心を傷つけられるほど厭な思いのすることはない。貧しい暮しをしている人々は、その厭な思いを嘗めさせられることが多いのだから、傷つきやすい自尊心を心なく傷つけるようなことは、決してしてはいけない。

（吉野源三郎『君たちはどう生きるか』岩波書店刊より）

ア ところで　イ もちろん　ウ だから　エ しかし　オ まるで

A		B		C		D	

★解答と解説は124～125ページへ。

発展問題

1 次の文中の A ～ D に適当な言葉を後のア～オから選び、記号で答えなさい。

或曇った冬の日暮である。私は横須賀発上り二等客車の隅に腰を下して、ぼんやり発車の笛を待っていた。とうに電燈のついた客車の中には、珍しく私の外に一人も乗客はいなかった。外を覗くと、うす暗いプラットフォオムにも、今日は珍しく見送りの人影さえ跡を絶って、唯、檻に入れられた小犬が一匹、時々悲しそうに、吠え立てていた。これらはその時の私の心もちと、不思議な位似つかわしい景色だった。私の頭の中には云いようのない疲労と※1倦怠とが、まるで雪曇りの空のようなどんよりした影を落していた。私は外套のポケットへじっと両手をつっこんだまま、そこにはいっている夕刊を出して見ようと云う元気さえ起らなかった。

が、やがて発車の笛が鳴った。私はかすかな心の寛ぎを感じながら、後の窓枠へ頭をもたせて、眼の前の停車場がずるずると後ずさりを始めるのを待つともなく待ちかまえていた。 A それよりも先にけたたましい※2日和下駄の音が、改札口の方から聞え出したと思うと、間もなく車掌の何か云い罵る声と共に、私の乗っている二等室の戸ががらりと開いて、十三四の小娘が一人、慌しく中へはいって来た、と同時に一つずしりと揺れて、徐に汽車は動き出した。一本ずつ眼をくぎって行くプラットフォオムの柱、置き忘れたような運水車、それから車内の誰かに※3祝儀の礼を云っている※4赤帽―そう云うすべては、窓へ吹きつける媒煙の中に、未練がましく後へ倒れて行った。私は漸くほっとした心もちになって、巻煙草に火をつけながら、始めて懶い睚をあげて、前の席に腰を下していた小娘の顔を※5一瞥した。

それは油気のない髪を※6ひっつめの銀杏返しに結って、横なでの痕のある皸だらけの両頬を気持の悪い程赤く火照らせた、如何にも田舎者らしい娘だった。 B 垢じみた萌黄色の毛糸の襟巻がだらりと垂れ下った膝の上には、大きな風呂敷包みがあった。その又包みを抱いた霜焼けの手の中には、三等の赤切符が大事そうにしっかり握られていた。私はこの小娘の下品な顔だちを好まなかった。それから彼女の服装が不潔なのもやはり不快だった。最後にその二等と三等との区別さえ弁えない※7愚鈍な心が腹立たしかった。【C】巻煙草に火をつけた私は、一つにはこの小娘の存在を忘れたいと云う心もちもあって、今度はポケットの夕刊を漫然と膝の上へひろげて見た。【D】その時夕刊の紙面に落ちていた外光が、突然電燈の光に変って、刷の悪い何欄かの活字が意外な位鮮に私の眼の前へ浮んで来た。云うまでもなく汽車は今、横須賀線に多い隧道の最初のそれへはいったのである。

（芥川龍之介『蜜柑』より）

※1 倦怠…だるさ。　※2 日和下駄…下駄の一種。　※3 祝儀…この場合はお礼に渡すチップのこと。
※4 赤帽…駅で客の荷物を運ぶ仕事をする人。　※5 一瞥…ちらっと見ること。
※6 ひっつめの銀杏返し…当時よく見られた女性の髪型。　※7 愚鈍…おろかなこと。

ア するといだから　ウ やはり　エ しかも　オ ところが

A		B		C		D	

★解答と解説は125ページへ。

5 だまされない選択問題の解き方

月　日

さぁ、得点力アップの最後は選択問題の解き方です。選択問題の中でも、最近増えている、選択肢の一つ一つが文または文章になっているパターンを中心に説明していきます。中学入試の国語の配点の半分が選択問題と言われます。解き方をマスターしてばっちり点をとってください。

では、解き方です。

設問を読んですぐに選択肢を読み始めるあなた！　それはいけません。なぜならもっともらしい答えにだまされてしまうからです。

設問を読んだら、まず、自分なりの答えを、かんたんでいいので考えましょう。

たとえば、物語文で人物の気持ちを選ぶ問題だとしたら

「ここは主人公は急いでいる場面だから、『あせっている』とか『あわてている』とか、そういう答えになるはずだ。」

というように。それから選択肢を読んでいくのです。

これなら、もっともらしい答えにミスリードされる（だまされる）ことはなくなるでしょう。このことを心がけるだけで正解率は必ず上がります。

ただ、この方法で困るのは、問題が難しくて自分なりの答えが浮かばない時です。

そんな時は「消去法」の出番ですが（消去法とはウソを見破って、ウソがない答えを選ぶという方法です）、しかし、そうかんたんにいつもウソが見つかるわけではありませんね。

そこで、覚えてほしいコツが「言い過ぎ」「決めつけ」もウソのうち。

さぁ、大きな声で言ってみましょう。あっ、じょうだんですが。

選択肢の中に「言い過ぎ」「決めつけ」を見つけたら要注意。ウソとは言えませんが、かなりあやしいのです。

●言い過ぎの例

「戦後は、社会に進出し自分の考えを堂々と述べることのできる女性もそれほどめずらしくなくなってきた。」という文章があったとしましょう。

それに対して
「多くの女性が自分の意見を堂々と述べるようになった。」
「女性の大部分が自分の考えを言える時代に…」

こういうのが「言い過ぎ」のよくあるパターンです。数やレベルをかなり上げてきます。気をつけましょう。

●決めつけの例

おとなしくて心やさしい少年が主人公だとします。そして、その性格を答えなさいという問いの選択肢に
「主人公はおとなしくて心やさしい、少し気の弱いところのある少年だが……」
というように、本文に沿って正しいことを書きながら、本文のどこにも表されていない「気が弱い」ということを「さらっ」と入れてくるというワナです。油断もすきもありませんぞ。

では、練習問題です。

基本問題

次の詩をよく読んで、後の問いに答えなさい。

月　日

ぼろぼろな駝鳥　　高村光太郎

何が面白くて駝鳥を飼ふのだ。
動物園の四坪半のぬかるみの中では、
脚が大股過ぎるぢやないか。
頸があんまり長過ぎるぢやないか。
雪の降る国にこれでは羽がぼろぼろ過ぎるぢやないか。
腹がへるから堅パンも喰ふだらうが、
駝鳥の眼は遠くばかり見てゐるぢやないか。
身も世もない様に燃えてゐるぢやないか。
瑠璃色の風が今にも吹いて来るのを待ちかまへてゐるぢやないか。
あの小さな素朴な頭が無辺大の夢で逆まいてゐるぢやないか。
これはもう駝鳥ぢやないぢやないか。
人間よ、
もう止せ、こんな事は。

1 **――線部はどういうことを表していますか。もっとも正しいと思うものを次から選び、記号で答えなさい。**

ア　動物園が駝鳥とまちがってちがう鳥を飼っていたこと。
イ　悪いエサのせいで羽がぼろぼろになり、とても駝鳥に見えないこと。
ウ　こんなところに閉じ込めては駝鳥らしさが見られないということ。

2 **作者はどんなことにいかりを感じているのですか。もっとも正しいと思うものを次から選び、記号で答えなさい。**

ア　駝鳥が身動きもできないほどせまいところで飼われていること。
イ　人間が面白半分に動物の自由をうばうこと。
ウ　せっかく遠い動物園まで見に来たのに、動物がきれいではなかったこと。

★解答と解説は125ページへ。

応用問題

1 2の文章を読んで、それぞれ後の問いに答えなさい。

月　日

1

〜ここまでのあらすじ〜
昭和20年3月、太平洋戦争末期、東京は大空襲に見舞われた。その翌日、家族5人が死を覚悟して、最後においしいものを食べて死のうじゃないかと食事をする場面です。

母は取っておきの白米を釜いっぱい炊き上げた。私は埋めてあったさつまいもを掘り出し、これも取っておきのうどん粉と胡麻油で、精進揚をこしらえた。格別の闇ルートのない庶民には、これでも魂の飛ぶようなご馳走だった。

昨夜の名残りで、ドロドロに汚れた畳の上にうすべりを敷き、泥人形のようなおやこ五人が車座になって食べた。あたりには、昨夜の余燼がくすぶっていた。

〈中略〉

母はひどく笑い上戸になっていたし、日頃は怒りっぽい父が妙にやさしかった。

「もっと食べろ。まだ食べられるだろ」

おなかいっぱい食べてから、おやこ五人が河岸のマグロのようにならんで昼寝をした。畳の目には泥がしみ込み、藺草が切れてささくれ立っていた。そっと起き出して雑巾で拭こうとする母を、父は低い声で叱った。

「掃除なんかよせ。お前も寝ろ」

父は泣いているように見えた。

（向田邦子『新装版　父の詫び状』文春文庫刊より）

◆——線部での父の気持ちとして最も正しいものを次から選び、記号で答えなさい。

ア　もうすぐみんな死んでしまうかもしれないので、家族で同じことをして過ごしたい。

イ　次の空襲で家族全員命を落とすと思うと掃除などしてもムダだと腹を立てている。

ウ　お母さんのきれい好きはわかるけれど、静かに寝たいのに掃除などを始めたので落ち着かない。

エ　次第に日本の状況が悪くなり絶望した。

□

★解答と解説は125ページへ。

2

ひるすぎみんなは楽屋に円くならんで今度の町の音楽会へ出す第六交響曲の練習をしていました。

トランペットは一生けん命歌っています。

ヴァイオリンも二いろ風のように鳴っています。

クラリネットもボーボーとそれに手伝っています。

ゴーシュも口をりんと結んで眼を皿のようにして楽譜を見つめながらもう一心に弾いています。

にわかにぱたっと楽長が両手を鳴らしました。みんなぴたりと曲をやめてしんとしました。楽長がどなりました。

「セロがおくれた。トォテテ　テテテイ、ここからやり直し。はいっ。」

みんなは今の所の少し前の所からやり直しました。ゴーシュは顔をまっ赤にして額に汗を出しながらやっといま云われたところを通りました。ほっと安心しながら、つづけて弾いていますと楽長がまた手をぱっと拍ちました。

「セロっ。糸が合わない。困るなあ。ぼくはきみにドレミファを教えてまでいるひまはないんだがなあ。」

みんなは気の毒そうにしてわざとじぶんの譜をのぞき込んだりじぶんの楽器をはじいて見たりしています。ゴーシュはあわてて糸を直しました。

（宮沢賢治『セロ弾きのゴーシュ』）

◆ **線部のようにみんながふるまうのはなぜですか。最も正しいと思うものを選び、記号で答えなさい。**

ア　自分まで楽長にしかられたくないので、次に演奏するところや楽器を慎重にチェックしている。

イ　何度も楽長にしかられるゴーシュにいらいらして、なぜこんなかんたんなところでまちがうのかとあきれて楽譜を見直している。

ウ　ゴーシュがあまりにも下手で音もテンポも合ってないので情けなく思っている。

エ　しかられているゴーシュが気の毒になり、ゴーシュのほうを見ないようにしている。

□

★解答と解説は125ページへ。

発展問題

次の文章を読んで後の問いに答えなさい。

月　日

「一人」になれる条件が整い、人びとの選択や決定が尊重されるようになった社会では、さまざまな物事を「やらない」で済ませられるようになります。ある行為を「やらねばならない」と迫る社会の規範は緩くなり、何かを「やる」「やらない」の判断は、個々人にゆだねられます。

この傾向は人間関係にも当てはまります。私たちが生きる時代は、閉鎖的な集団に同化・埋没することで生活が維持されてきたムラ社会の時代と違います。生活の維持は、身近な人間関係のなかにではなく、お金を使って得られる商品やサービスと、行政の社会保障にゆだねられるようになったのです。

このような社会では、誰かと「付き合わなければならない」と強制される機会が、徐々に減っていきます。会社やクラスの懇親会への参加はもはや強制される時代ではありません。地域の自治会への加入も任意性が強くなりました。趣味のサークルを続けるか続けないかは、まさに「人それぞれ」でしょう。

（石田光規『「人それぞれ」がさみしい』筑摩書房刊より）

◆――線部「閉鎖的な集団に同化・埋没することで生活が維持されてきたムラ社会」とはどのような社会ですか。

ア　閉ざされた社会で、個人の主張をおさえて、周囲に合わせることで暮らしが成り立っていた社会。

イ　周囲との交わりを絶って、仲間と団結することでなんとか保たれてきた社会。

ウ　つきあいの悪い人たちにもやさしく接することで生活が楽しくなる村の社会。

エ　仲間と歩調を合わせていく中で、いつのまにか個性をなくしてしまう古い生き方の社会。

□

★解答と解説は125ページへ。

夏休み中、中だるみしない勉強方法を教えてください！

1時間程度で終わる分量をこなしていきましょう。

勉強は、何時間やったかではなくどれだけ集中したか、これが大切です。集中することで脳の働きが活発になり考える力がつくのです。

そこで、クリアファイル勉強法をお教えしましょう。

まずクリアファイルを何十枚か買います。

そして、ファイルにマジックで、たとえば「7／28午前」などと書いて7月28日の午前中にやるべき「計算ドリル」「漢字練習」「地理の問題集」などをコピーしてファイルに入れます。

大切なのは、**問題集やドリルをコピーして入れることです。**1枚の紙だと書き込みやすく、「こんなにやるの？」といううんざり感もとても少なくなります。

これを前もって1週間分ぐらい作っておきましょう。夏休みの前半はファイルの中身を少なくして、集中すると1時間で終わるぐらいにします。それから後半にかけてほんの少しずつ増やしていきます。

そし親御さんにお伝えしたいのは、**子どもたちがファイルの中身を短時間でやり終えた時、「じゃあ、もう少しやろうか」と追加してはいけない、ということです。**

家庭で行う勉強は、「まだできる」と思っているうちに終わらせることが大切です。

解答と解説

第1章　表現する力を育てる

1 つなぎ言葉のはたらき

基本問題 P9

1 解答例　**冷蔵庫に入っていたプリンを食べた。**
解　説　何かを食べることにした話が書ければOK。

2 解答例　**残念ながら言葉を話すことはできなかった。**
解　説　「しかし」なので人間とちがうところを書きましょう。

3 解答例　**冷たい雨も降ってきました。**
解　説　天気に関する困ることを。ていねいな言い方なので続きもていねいに。38ページを見てください。

4 解答例　**二階のベランダを使ったのかもしれない。**
解　説　「あるいは」だから、前に書いてあることと「どちらだろうか」と思うような内容にしましょう。

応用問題 P10

1 解答例　**まだ少しせきが出るし、体がだるい。**
解　説　「熱が下がった」というのはうれしいが、「けれども」とあるから、うれしいとは思えないことを書きましょう。

2 解答例　**宿題を終わらせてからにしなさい。**
解　説　「ただし」の後は条件などがつけられます。

3 解答例　**妹が先にちがうゲームを始めていた。**
解　説　「すると」の後には、そこで見たもの、気づいたことなどが書かれます。

4 解答例　**バスケットもやっていたそうだ。**
解　説　同じようなことを並べること。

5 解答例　**くじ引きで決めることにした。**
解　説　「そこで」の後には、どうしたのか、どうなったのかが書かれることになります。

発展問題 P11

1 解答例　**ぼくたちはいとこ同士なのだ。**
解　説　「つまり」は言いかえる時の言葉です。

2 解答例　**おしょうゆを入れます。**
解　説　その後に続きそうなことなら何でもOK。

3 解答例　**自分のことしか考えていない意見だ。**
解　説　「正しい」けれど、という感じなので、かれの言葉のいけない点を書きましょう。

4 解答例　**お父さんと海につりにいくからだ。**
解　説　早起きの理由が書ければOK。

5 解答例　**かれは四年生までイギリスにいたから当然とも言えるけどね。**
解　説　「もっとも」の使い方は難しい。後からつけ足す時に使います。

2 文と文をつないで話の筋を作る

基本問題 P13

1 解答例 激しい雨が降ってきたけれど（が）、ぼくはカサを持っていなかった。

2 解答例 明日はお休みだから（なので）、朝ねぼうができるぞ。

3 解答例 空は青く（て）美しかった。
空は青かったし、美しかった。

4 解答例 雨で運動会が中止になったので（ため・から）、今日はお弁当を家で食べることになった。

5 解答例 ぼくはサッカーが好きだが（けれど）、野球はもっと好きだ。
解　説 サッカーが好きだと言ったのに、後にもっと好きなものが出てくるから、「しかし」的な感じでつなぎましょう。

P14

1 解答例 わたしはケーキを食べながら、テレビを見ている。
解　説 「わたしはテレビを見ながら…」でもよい。「わたしはケーキを（も）食べているし、テレビも見ている」も意味は伝わるが、やや不自然な感じがします。

2 解答例 お父さんはサッカーの選手だったし、水泳もとてもうまい。
お父さんはサッカーの選手だったが、水泳もとてもうまい。

3 解答例 夏が来ると（来たら）、暑い日が続くだろう。

4 解答例 えんぴつ、またはボールペンを持ってきなさい。
えんぴつかボールペンを持ってきなさい。

5 解答例 わたしは内藤と申しますが、あなたはこの家の方ですか。
解　説 「が」「けれど」には、このように話をかえる働きもあります。

6 解答例 この黒い大きなくつは兄ので、こっちの白いのは姉のだ。
解　説 「兄のだが」というつなぎ方もできます。

発展問題 P15

1 解答例 わたしと兄はつりに出かけた。
わたしも兄もつりに出かけた。
わたしがつりに出かけたら、兄もつりに出かけた。

2 解答例 山の頂上に登ったら（登ると）、はるか遠くに富士山が見えた。

3 解答例 わたしが弟とけんかしたのは、弟がうそをついたからだ。
解　説 「わたしは」の「は」を「が」に変えることはできましたか。「けんかしたわけは」でも○です。

4 解答例 わたしが好きなものは何か、あなたは知っていますか。
解　説 「好きなものは何だか…」でもまぁいいのですが、話し言葉（第1章の30ページで出てきます）になってしまいます。

5 解答例 一回　わたしはケーキとクッキーが好きだ。
わたしはケーキもクッキーも好きだ。
二回　わたしはケーキが好きだが（好きだし）、クッキーも好きだ。

3 順番を考えて文を組み立てる

基本問題　P17

1 解答例 私たちは練習をちゃんとやらなかったので、試合に負けてしまった。
私たちが試合に負けてしまったのは、練習をちゃんとやらなかったからだ。

解説 「私たちは」「私たちが」は、読点の後にもってきてもいいですね。

2 解答例 太郎君は英語とフランス語が話せます。
太郎君は英語もフランス語も話せます。
太郎君は英語が話せるし、フランス語も話せます。

3 解答例 わたしには健という名前の弟がいる。
わたしには弟がいて、名前は健だ。

4 解答例 明日はお休みなので（お休みだから）夜おそくまで起きていたら、お父さんにしかられました。

5 解答例 友だちが遊びに来るので、わたしは部屋をそうじして、おかしを用意した。
友だちが遊びに来るから、わたしは部屋をそうじしたり、おかしを用意したりした。

6 解答例 夏が来ると暑い日が続くから、新しいエアコンを買おう。
夏が来るので暑い日が続くため、新しいエアコンを買おう。

解説 「夏が来るので暑い日が続くので…」というように同じつなぎ方を続けて使うのはやめましょう。

応用問題　P18

1 解答例 せきがひどかったし、少し熱もあったので、学校を休んだ。
せきがひどく少し熱があったため（熱もあり）、学校を休んだ。

2 解答例 サッカーの練習はきびしいけれど、ぼくはがんばっている。
サッカーの練習がきびしいので、ぼくはがんばっている。

解説 「きびしいけれど（負けないで）がんばっている」とも言えるし、「きびしいので（負けないように）がんばっている」とも言えますね。

3 解答例 今日は天気がよくあたたかいが（あたたかいけれど）、風が強いので、上着を着て出かけよう。

4 解答例 ポチはドッグフードが大好きなので（大好きだから）、ドッグフードのふくろを見ただけでよだれをたらしてしまう。

5 解答例 家に帰ったが（帰ると）、だれもいなかったので、冷蔵庫のプリンを食べました。

発展問題　P19

1 解答例 ぼくの答えが（答えは）大まちがいだったので、クラスのみんなが笑い（笑ったから）、ぼくははずかしかった。

解説 「クラスのみんなに笑われ」でもいいですね。

2 解答例 太郎君は意地っぱりで自分の考えを言いはることがあるので、ときどき友だちとぶつかります。

3 解答例 あそこの映画館でやっている映画は、わたしがどうしても見たかったもので、来週まで見られるそうだ。
あそこの映画館で来週までやっている映画は、わたしがどうしても見たかったものだ。

4 解答例 去年、家族旅行に行った時、登った山が（山に登ったのだが）、ふるさとの山に似ていると言って、お父さんはとてもなつかしがっていた。

解説 ここは3→2→1でつなぎましょう。

5 解答例 世の中にはいろいろな人がいて、やさしい人もいるし（いれば）、こわい人もいる。
世の中にはやさしい人やこわい人など、いろいろな人がいる。

解説 世の中にはやさしい人とこわい人の二種類しかいないような文にならないように。

4 言葉の反射神経をきたえる

P21

1 解答 ①おそば屋さんでカレーそばを食べたパパ。

解説 「カレーそばをおそば屋さんで食べたパパ」のように言葉の順番が変わっても読みやすい文であれば正解。※この後の問題もすべて同じです。

②パパがカレーそばを食べたおそば屋さん。

③パパがおそば屋さんで食べたカレーそば。

2 解答 ①妹がベッドに置いているぬいぐるみ。

②妹がぬいぐるみを置いているベッド。

③ぬいぐるみをベッドに置いている妹。

応用問題

P22

1 解答 ①お母さんが近くのスーパーで買ったさんま。

解答 ②お母さんがさんまを買った近くのスーパー。

2 解答 ①小さな女の子が泣いていた、学校のとなりにある公園。

②学校のとなりにある公園で泣いていた小さな女の子。

3 解答 ①中からなつかしいおもちゃが出てきたおもちゃ箱。

解説 「中から…」で始まる答えはなかなか思いつかないものですが、正しい文です。

解答 ②おもちゃ箱の中から出てきたなつかしいおもちゃ。

P23

1 解答 ①ぼくが通っている、代々木にある国語の塾。

解説 もちろん「代々木にある、ぼくが通っている国語の塾。」でもいいです。「ぼくは」にしないように。

解答 ②ぼくが通っている国語の塾がある代々木。

2 解答 ①今年からアメリカの大学で学んでいる一番上の兄。

解答 ②一番上の兄が今年から学んでいるアメリカの大学。

解説 「今年から」で始めてもいいですね。

3 解答 ①わたしが去年、おじさんに連れて行ってもらった遊園地。

解説 ここはつい「わたしは」とやってしまわないように。

解答 ②わたしが去年、遊園地に連れて行ったもらったおじさん。
去年わたしを遊園地に連れて行ってくれたおじさん。

5 受け身の文への書きかえ

基本問題

P25

1 解答例 わたしは先生に見られた。
解　説 「受け身の文」の練習問題の答えも「先生にわたしは見られた。」のように、文として読みやすければ解答例とちがう語順でもかまいません。
2 解答例 ミケはわたしになでられました。
3 解答例 毎日わたしはママに起こされます。
4 解答例 ぼくは次郎に話しかけられるだろう。
5 解答例 ぼくは兄にうそをつかれた。

応用問題 P26

1 解答例 広場は人々にうめつくされた。
2 解答例 わたしは商店街で知らないおばあさんに声をかけられた。
3 解答例 太郎はおとひめ様にさびしそうな目で見られました。
4 解答例 二人はみんなに囲まれ、祝福された。
5 解答例 車は修理に出された。
解　説 元の文には「だれが」にあたる言葉がないので、受け身にした時に、「だれに」という言葉はなくていいのです。

発展問題 P27

1 解答例 古くなった筆はポイと捨てられました。
解　説 応用問題の5と同じで、「だれに」にあたる言葉はいりません。
2 解答例 背の高いたんていはきょうふにおそわれた。
3 解答例 大切なメモは風にふき飛ばされました。
4 解答例 わたしは父にしかられたうえに、母にまで（母までに）小ごとを言われた。
解　説 ここは二つの部分を受け身にしなくてはいけません。
5 解答例 先頭だった正は最後の直線で太郎に追いぬかれた。

6 決まった言い方がくる言葉

基本問題 P29

1 解答例 ください
2 解答例 ように
解　説 古めかしい言い方ですが「ごとく」という言葉も入ります。
3 解答例 だろう（でしょう）
4 解答例 なら（ならば）（だったら）

応用問題 P29

1 解答例 はたしてメロスは日が沈む前に町に着くだろうか。
2 解答例 この玉手箱はけっして開けてはいけませんよ。

7 話し言葉と書き言葉

基本問題 P31

1 解答 **かけっこも得意ではないか。**

2 解答 **ゲームなどしていません。**
解説 「なんか」は「など」に変えましょう。

3 解答 **まるで犯人みたいに（犯人のように）あつかわれた。**
解説 「みたく」は話し言葉というより、まちがった言葉づかいです。

4 解答 **明日はピアノなど（などが）あるので、遊べない。**
解説 「～とか」もよく使われる話し言葉です。

5 解答 **兄は中学生なのです。**

6 解答 **わたしばかりしかられてしまう。**

7 解答 **なぜ（どうして）いけないのですか。**

応用問題 P32

1 解答 **おじいちゃんも喜んでいたと言っていた。**
解説 「～してた→～していた」、「～してる→～している」作文を書く時などもこの点に気をつけましょう。

2 解答 **きちんと（正確に）言っておいてください。**
解説 「ちゃんと」が話し言葉というのは知らない人が多いようです。

3 解答 **やはり犯人はあなただったのですね。**

4 解答 **とてもうれしいけれど、やめておきます。**
解説 「風がすごくカサがとばされた」の「すごく」は書き言葉でも使います。「とても」という意味で使うと話し言葉になってしまいます。

5 解答 **これは話し言葉だったのだ。**

6 解答 **今、空腹なのです。だから、どちらもいただきます。**
解説 「なので」を作文で使う人が増えてきたと感じます。作文では使わないようにね。

8 字数をけずる三つの方法

基本問題 P35

1 解答例 **彼は人への思いやりがある。**
解説 「人への」もぬいてもいいですね。

2 解答例 **ほしいものを全部あげよう。**
解説 「何でも」と「全部」のどちらかをぬけばOK。

3 解答例 **地球の温暖化のことを本気で考えなければならない時が来た（考えなければならない時だ）（考えなければならない）（考えるべきだ）。**

4 解答例 **君の意見は正しいと言える（正しいだろう）（正しい）。**
解説 この「だろう」は決めつけた言い方をさけて、文末をやわらかくします。ぬいてもかまいません。

5 解答例 **おばあちゃんはおどりがおどれるし（おどれて）、歌もうまい。**

解　説　「おばあちゃんはおどりも歌もうまい」では話がちがってきますよ。

6 解答例 **私たちが力を合わせれば、不可能なんてないと思う。**

解　説　「と思う」も思い切ってぬいてもいいでしょう。

応用問題 P36

1 解答例 **おじさんの言ったことを思い出したら、なみだが止まらなかった。（30字）**

2 解答例 **自分をよく知ってもらうには、ありのままの姿を見てもらえばよい。（31字）**

解　説　「相手」はなくてもわかるし、「かざらない」「ありのまま」はどちらをぬいてもいいでしょう。

3 解答例 **目を合わせるのは、人間が人とのつながりを持つうえで、欠かすことのできない行動だ。（40字）**

解　説　だんだん難しくなってきましたね。ここはけずるのに苦労したでしょう。「人間が」はぬかないで残したい言葉です。

発展問題 P37

1 解答例 **太郎はおっちょこちょいで、いつも失敗してはみんなに笑われているが、忘れてはならないことは、太郎の持っている人に対してのやさしさだ。この性格がクラスのふんいきを温かくしている。（87字）**

2 解答例 **太郎はおっちょこちょいで笑われているが、太郎のやさしさがクラスのふんいきを温かくしている。（45字）**

解　説　前半の「太郎がいつも笑われていること」、後半の「太郎の性格がクラスを温かい感じにしていること」、この二つが伝わればいいのですから、ほかの言葉は思い切ってぬきましょう。

9 文の続きを書く

ここは解答例ではなく、どういうことを書けば正解と言えるのか、
ポイントや注意点を解説していきます。

基本問題 P39

1 「おもしろいところは」とあるので、「～ところだ・～ところです」または「表情です」などのようなしめくくりにしましょう。敬体か常体かは自由です。

2 ウソやかくしごとを謝るのでしょうね。「だ」「～である」などの常体でかきましたか。

3 ここは「大きらいです。」なので敬体。「なぜかと言うと」とありますから、「～からです。」としめくくりましょう。きらいな理由が書けていれば◯。

応用問題 P40

1 敬体ですね。びっくりして目を覚ますほどの音が何だったのかを書いてください。

2 ここは常体。雨でゆううつな気分だから、気分を一気に変えるようなこと、または、いっそのことあきらめてしまうような内容、いずれかでしょう。

3 「おかげで」とあるので時計がもたらした良さを書く。しかし、「おかげでひどい目にあったよ」という気持ちで、「時間にしばられる」という悪い点を書くのもおもしろいと思います。敬体か常体かは自由。

発展問題 P41

1 ここは常体。「足を見て」だから、足で何かをふんでいた、ではなく、足そのものに何かおどろくようなことが起きていたことにしましょう。

2 「席をゆずる時」の言葉、心づかい、マナーなどを書きましょう。敬体か常体かは自由です。

3 「たしかに」とあるので、この続きは、「たとえば」または「しかし（だが）」どちらかでなければなりません。常体です。

10 具体と抽象

基本問題 P43

1 解答例 **電車**

2 解答例 **チワワ**

解説 みんなのうちのペットの名前でもOK。

3 解答例 **スポーツ**

4 解答例 **絵本**

解説 好きな本のタイトルでもいいですね。

応用問題 P44

1 解答 **（つまり、）好ききらいが激しいのだ。**

解説 ニンジンなどの具体的な言葉があるところは一つの例・説明であり、まとめ（抽象表現）ではありません。この後もすべてこの考えで解きましょう。

2 解答 **それが読書の素晴らしいところだ。**

3 解答 **戦争が終わるとわが国はめざましい復活をとげた。**

解説 ここは先にまとめ、後で説明する形。

4 解答 **ねむっている間、われわれは完全に動きを止めているわけではない。**

解説 ここもまとめが先に来ています。

5 解答 **気持ちを伝えることは大切だ。**

6 解答 **（このような）気持ちに左右される汗を精神性発汗といいます。**

発展問題 P45

1 解答例 **大そうじの時にガラスふきを一人でやった。**

2 解答例 **スーツケースに着替えと洗面セットとよい止めの薬を入れました。**

3 解答例 **友だちの文房具を使った。人のものを使った。**

4 解答例 **とても緊張している時に、友だちの言葉で（おかげで）落ち着くことができた。**

第２章　読み取る力をつける

1 頭の中で映画にしよう

基本問題　P49

1 解答 **①真っ白い雪が積もった日（雪の日）。**

解説 「真っ白な雪の道」とあるので、この日は雪が降っていることがわかりますね。

②かわいい犬（犬）

2 解答 **イ**

解説 島に向かう「ぼく」のそばにイヌとサルときたら……そう、「ぼく」はもも太ろう！

2 気持ちをつかむには、まず「性格」から

基本問題　P51〜53

1 解答例 **①食いしんぼう。気まえがよい。やさしい。**

解説 「用心ぶかい」は残念ながら△。食いしんぼうだから、おなかが減った時のために用心してそらまめを持ってきたのです。

解答例 **②明るく元気なタイプ。おっちょこちょい。友だちが多い。**

解説 集合場所に先をあらそうように来るタイプです。みんなのクラスにもいるのでは？

2 解答例 **①しっかり者でリーダーシップが取れる性格。**

②強い立場。

解説 「竹ーや止までが」の「まで」に注目。ふだんはほかの子の指示にしたがうタイプではないようです。

3 解答例 **友だち思い。勇気がある。向こう見ず。**

解説 「おこりっぽい」は△。すぐおこるわけではなく、仲間を思う気持ちが強くて、強い相手にも向かっていくのです。ただ、勝ち目がないのに戦うのはむちゃですね。

応用問題　P54〜55

解答例 **①心配性である。とても神経質な性格。**

②深思いでやさしい。おおざっぱな性格。（細やかな気配りはできない）

解説 ここはしめくくりは必ずしも「〜な（の）性格」でなくてもいいですよ。

発展問題　P55

解答例 **好きなことに熱中する性格。自分の好きなことにもくもくと取り組む。**

解説 彼が熱中したしゅ味は「瓢箪」と「絵」です。ここから考えましょう。

3 言葉や表情、しぐさや行動から気持ちを読み取る

練習問題 〜「言葉」から気持ちを読み取る〜 P58

解答 ①オ ②ウ ③ア ④イ

練習問題 〜「表情」から気持ちを読み取る〜 P59

1 解答 ①ウ ②エ ③イ ④ア ⑤オ

2 解答 ①オ ②カ ③ウ ④ア ⑤エ

解説 ここは少し意地悪な問題です。①を「ア」にしてしまうと④の答えがなくなります。おこった時にも「顔が真っ赤」になります。

練習問題 〜「しぐさ・行動」から気持ちを読み取る〜 P60〜61

1 解答 ①カ ②イ ③オ ④エ ⑤ウ

解説 「言葉を飲みこむ」のは言いたくないのではなく、言えなくなる状態。

2 解答 ①オ ②イ ③エ ④ア

3 解答 ①エ ②ウ ③イ ④ア

練習問題 〜「情景描写（あたりの様子や景色）」から気持ちを読み取る〜 P61

解答 ①エ ②ア ③オ ④イ

4 説明文の〝大切なところ〟探し

基本問題 P67

1 解答 **大切なのは相手を思いやる心だ。**

2 解答 **私たちは遊びを通していろいろなことを学ぶのです。**

3 解答 **算数はわれわれの生活の中で使われています。**

解説 「具体と抽象」の勉強がここで役立ちますね。忘れかけていたら復習してください。

応用問題 P68

1 解答 **よい行いをすると、相手だけでなく自分も良い気持ちになれるものです。**

解説 頭括型です。

2 解答 **つまり、われわれは言葉に頼らず、言葉を省略してきたのである。**

解説 「つまり、」はなくてもかまいません。

3 解答 **毛によって、外気と皮ふの間に空気の層が作られ、外気の温度のえいきょうを直接受けないようになっているのである。**

解説 この答えの部分の前にニホンカモシカ、後にはフェネックの例が書かれていますね。

発展問題 P69〜71

1 解　答　**そうすると**

解　説　前段で例を挙げて説明して、後段で考えを述べています。答えの一文には「べき」が使われています。「鑑賞は創造だ」というのが岡本太郎の言いたかったことなのです。

2 解　答　**生きる力というものは、じぶんの存在が他人のなかで意味があると感じるところから生まれる。**

解　説　ナースを助けるという役割がおじいさんに元気を与えたのです。

5 副助詞は魔法の言葉

基本問題 P73

1 解答例　**ほかにも何かを飼っていること（がわかる）。**

2 解答例　**からあげ以外のものをつまみ食いしたこと。**

解　説　「からあげは」は白状したようなものですね。

3 解答例　**ほかにも来てくれた人がいること。／おばあちゃんが来るとは思っていなかったこと。**

解　説　ここは答えが二つあります。

4 解答例　**荷物はどうでもいい（大切ではない）ということ。**

5 解答例　**後ろ姿、車など犯人に関する何かを見たこと。**

解　説　「ほかの人の顔を見た」はよくあるミス。

6 解答例　**大阪より先には行かないこと。**

解　説　「まで」は範囲を決める働き。「大阪は遠い」とやった人、多いかな？

7 解答例　**文句が多いということ。**

第3章　得点力アップのコツ

1 確実に点が取れる「気持ち」の答え方

基本問題 P78〜79

1 解答例　**話をたくさん作ってみんなに読んでもらうということが自分にはできると兄にはげまされ、希望を持ちはじめた。**

解　説　「にわかに」は「急に」ということ。もちろん明るい気持ちはわかるし理由も書けるでしょう。気持ちを説明する言葉は「うれしくなってきた」でも正解です。ここはトシの気持ちを答えるのですから「トシ」ではなく「自分」を使いましょう。

2 解答例 ①**孫が孝行したいと言い出したので、算数の宿題をやってもらおうと思いつき、うれしくなった。**

解説 「驚いた」と答えた人はいませんか。ここはすぐに宿題のことを思いついて、喜んでいるのですよ。

解答例 ②**問題をといてもらえそうにないので、がっかりすると同時に、少し腹を立てている。**

解説 ここは五・六年生なら、「失望」と「軽いいかり」の両方に気づいてほしいところ。やってもらえると喜んだのが「ぬか喜び」になったのですから。「くせに」「こんな」からいかりが感じられます。

応用問題 P80〜81

1 解答例 **種をまいたおぼえもないのに、ほうせん花とおしろい花がたくさん咲いたので、とてもうれしくなり、花に感謝している。**

解説 「感謝」まで書いてなくても正解。ただし、理由には、種をまいてなかったこと、ほうせん花とおしろい花の両方が咲いたことを書きましょう。種をまいてないので今年は見られないとおばあさんはあきらめていたのです。「きてくれる」という言葉に「感謝」が表れていますよ。

2 解答例 **いろんなものを飲んだり食べたりしてみたいのに、信雄が全部反対し、最後にはおこり出したので、不満で腹が立ってきた。**

解説 「脛を掻きむしった」ところから「かゆかった」なんて書いてはいけません。喜一のイライラを表しているのです。

発展問題 P82〜83

1 解答例 **いよいよ命をかけた戦いが始まると思い、きんちょうした（心を決めた）。**

解説 ブッチーはだまってついて来ていた間に、命をかける決心をしたのです。だから、「こわくなった」を答えの中心にしてはいけません。「こわいけど戦おうと決心した」なら良い答えです。

2 解答例 **みんなに笑われているおぬい婆さんのところに卵を受け取りにいくので、はずかしくてたまらず、また、自分にはずかしい思いをさせてすましているおぬい婆さんにおこっている。**

解説 「はずかしさ」「いかり」の二つに気づいてください。はずかしさは━━線部より前に書かれていますが、━━線部の時もはずかしいはずです。そしてはじをかかせたおぬい婆さんに腹を立てています。運動場に入ったことそのものをおこっているわけではありません。ルールを守らないで笑いものになったことをおこっています。

2 確実に点が取れる「理由」の答え方

基本問題 P85

解答例 **自分の大切な友だちのことを「私」が笑いの種にしたため、とても腹が立ったから。**

解説 文中の理由、心の中の理由を書きましたか？　この文章のように、「私」「ぼく」がお話をしている形の物語では、答えの中では「　」をつけるのを忘れないように。「この話の中の私という人」という意味です。弟には「　」はつけません。

P86〜87

1 解答例　**みんなが自分に会いたい気持ちで長い道のりを歩いてきたとわかったので、うれしくて胸がいっぱいになったから。**

解　説　解答例の「みんなが〜長い道のりを歩いてきた」のほかに「親に内緒で」も書いてもいいですね。登場人物がうれし泣きしていたら「うれしくて胸がいっぱい」と書くと文句なしの答えになります。

2 解答例　**三回目に起きた時に洪作がくしゃみをしたので、かぜでもひくといけないと思い、襟まきで包んでやろうと思ったから。**

解　説　ふだんの暮らしでは「どうしてあとに従うの」とたずねられたら「くしゃみをしたから」でも「かぜをひくといけないので」でもかまいませんが、国語の答えは理由となることはすべて書きましょう。「くわしく説明しなさい」と言われた時は特に。

P88〜89

1 解答例　**（とてもいい瓢箪だと気づいたので、）冷淡な顔をして大したものではないと相手に思わせ、安く買い取るため。**

解　説　（　）の部分はなくても◯ですが、やはりいつでもくわしく書くようにしましょう。骨董屋は演技をしているのですね。

2 解答例　**家に着いたとたん、気持ちがゆるんで、がまんしていた泣きたい気持ちが一気にあふれてきたから。**

解　説　「ほっとしたとたん」でもいいですね。このパターンはよく出題されます。「がまんしていた笑いたい気持ちがおさえられずにふき出してしまう」「相手がいなくなったあといかりがばく発する」など。

3 指示語の解き方のコツ

P92

解答例　**①（私が）もらった台本。**

解　説　一言「台本」はやめましょう。いつもていねいにくわしく書く気持ちを大切に。

解答例　**②台本の中の読めない字。台本の中の、私が読めなかった字。**

解答例　**③ホテルのすぐそばの海岸で拾った美しい貝。**

解　説　ここで注意！　もっとくわしくしようとして指示語の後の言葉を答えに入れては絶対にダメ。たとえばこの問題で「…さくら貝だとわかった美しい貝」「…海岸で拾ったさくら貝」は不正解。試しにこれらの答えを「それ」に入れて読めばわかるでしょう。

解答例　**④ホテルのすぐそばの海岸で美しい貝を拾ったこと。**

解　説　「美しい貝を拾ったこと」では短くて△。ちゃんとくわしく書きましょう。

応用問題

P93

1 解答例　**自分の夢を実現させるために必要なもの（何か）。**

解　説　「…何が必要かということ」と答えた人は残念。よくあるミスです。「それ」に「必要なもの」を入れて読むと気づくでしょう。

2 解答例　**トロッコの車輪を蹴って見たり、一人では動かないのを承知しながらうんうんそれを押して見たりすること。**

解　説　答えが長いからといって「うんうん」などをけずったりしないで本文通りに書きましょう。

3 解答例　**一人で買い物に行くこと。**

解　説　ここで重大な発表！　「指示語の答えは前にある」と90～91ページで教えましたが、実は、答えが指示語より後に来ることもあるのです。

たとえば、ある話が「それはある土曜の午後のことだった。」で始まっていたとしましょう。「それ」が指すものは、この後に出てきますね。また、「ねえ、これはまだだれにも話してないんだけど、実は…」と言われたら、「これ」の中身は今から聞かされるわけです。みなさんもこういう話し方をすることはあるでしょう。こういう時だけ指示語の答えを後ろの文中から見つけます。

発展問題　P94～95

1 解答例　**①水の上は土の上より空気が冷たく、しめっていること。**
②「ぼく」が（からだがいちばん高くなるすんぜんで）「いまだ！」とさけんだ時。

解　説　①は具体的にわかったことを書くだけ。②は難しい。なぜなら、この「それ」は、ある瞬間＝～した時を指しているからです。解答例のように「ぼく」に「　」をつけるわけは、この章の❷「理由の答え方」基本問題の解説を読んでください。

2 解答例　**①枕木を積んだ（一輌の）トロッコ。**
②この人たちならばしかられないということ。

解　説　「そう」は彼が思ったことを指しているので、それを書いて「～ということ。」でしめくくります。

3 解答例　**もう帰ろうや（という言葉）**

解　説　みんなが言い出すことができなかった言葉を答えるのです。

4 解答例　**おやじがえこひいきをしていること。おやじがえこひいきをする男だということ。**

解　説　ここは難しいところです。この「そう」は「おやじの行い」と「おやじの人がら」と「おやじという男」、どちらを指しているとも言えます。

4 接続詞の空欄補充

基本問題　P98～99

1 解　答　**A ウ　B ア**

解　説　Aの前に「特別な気持ちをいだいて」とあり、後ろに「たましいがやどる」「別の世界がある」と具体例が書かれています。Bの前には「～考えました」、後ろには「～信じられていました」とあるので「また」を入れます。

2 解　答　**A イ　B ウ　C ア**

解　説　Bに「でも」を入れるミスだけは気をつけて。

応用問題　P100～101

1 解　答　**A ウ　B エ**

解　説　ここはAが難しいので要注意。勘違いしている親御さんがいる　「子育ては終わった」「私の手を離れた」と思ってしまう人が見受けられる。この二つは同じことを言っています。だから「つまり」が入ります。

2 解　答　**A イ　B オ　C エ　D ウ**

解　説　この問題を通してある大切なことをお話しします。97ページでお話ししてもよかったのですが、実際の問題を見ながら説明できるので、ここで説明しましょう。それは「もちろん」「むろん」「たしかに」の使い方です。

「もちろん戦後、我が国は経済的に素晴らしい発展をとげた。だが、その一方で失われたものもある。」
「たしかに今のお小づかいでは足りないとママも思うわ。でも、足りない中で工夫することを学んでほしいから値上げはしないわよ。」…（このママはてごわいぞ）

このように、「もちろん」というのは、事実や相手の考えなどをいったん認めて、そして「でもね…」と自分の意見を強く述べるために非常によく使われる言い方です。人を説得する時に用いられます。当然、接続詞の空欄補充にもよく出題されるので、答えの候補の中に「もちろん」「むろん」「たしかに」があったらぜひこの説明を思い出してください。

発展問題　P102〜103

解　答　**Aオ　Bエ　Cイ　Dア**

解　説　ここは[A]が難しい。ここをまちがうと残りもボロボロになるおそれがあります。[A]には「すると」「ところが」いずれも入ります。ここは後でやるとして、やりやすいところから行きましょう。[B]の前と後にはこの娘の外見がこれでもか、というほど悪く書かれています。入れるのは「しかも」。[C]は、この娘が腹立たしかったので、存在を忘れたくて夕刊を見た、というところなので「だから」。そして[D]ですが、夕刊を広げた、そのとたん、外光から電燈の光に変わったという場面です。ここは「すると」がいいですね。そして最後に自信を持って[A]に「ところが」を入れます。

5　だまされない選択問題の解き方

基本問題　P106

解　答　**1ウ　2イ**

解　説　この詩のうったえていることがわかった人は、消去法など使わずに正しいと感じるものを選びましょう。本当にいけないのはせまいことや、エサが悪いことではなく、人間の身勝手なのです。②のウの「遠い」は決めつけの典型的な例です。

応用問題　P107〜108

1解　答　**ア**

解　説　まず、ウの「お母さんのきれい好き」は決めつけているのであやしい。次にイ、お母さんが畳をきれいにすることはたしかにムダかもしれませんが、腹を立てるのはおかしいでしょう。エの気持ちは父はもっと前から感じていたはず。この父の言葉で大切なのは「お前も寝ろ」というところです。せめて今だけは家族そろってゆっくりしたいのですね。

2解　答　**エ**

解　説　みんなは「わざと気の毒そう」にしているのではなく、気の毒そうにしながら「わざと楽譜を見たり楽器をはじいて」いるのです。だから、アはまちがい。イはなぜ楽器をはじいているか、説明できていません。ウも、譜をのぞきこんだり楽器をはじいたりした理由になっていませんね。

発展問題　P109

解　答　**ア**

解　説　これは難しい。文章も選択肢もレベルが高いですね。しかし、後ろを読むと、現代は、━━線部の時代とちがって、生活の維持は人間関係の中ではなく、お金で得られるサービスや社会保障にゆだねられる…と書かれています。ということは、ムラ社会の時代は、生活の維持のためには人との関係を大切にしないといけなかったことがわかります。

おわりに

最後までこの本を読んで、考えて、答えてくれたみなさん、おつかれさまでした。本との出合いは、いつ出合うかということが大きく影響します。この本の場合、もし難しいと感じたら、もう少し後で、たとえば半年後、一年後にもう一度手に取ってみてください。

さて、国語の勉強は、算数や理科、社会と比べると、何年生で何をやればいいのか、はっきりしません。進学塾（じゅく）などの勉強でも長文読解と漢字をやるだけになってしまいます。

では、何をすればいいのか。それは、目の前にある文章からできるだけ多くのことを読み取る力をつけることです。

「ホーシュ君か。」

これは、宮沢賢治の代表作『セロ弾きのゴーシュ』の中のゴーシュのセリフです。ゴーシュがセロの練習をしているとき、ノックの音がして、ゴーシュはこう言うのです。ホーシュはここで名前が出てくるだけで、登場人物ではありません。賢治はこのセリフ一つで、ゴーシュを訪ねてくるものがホーシュ君ぐらいしかいないこと、つまり、身よりや友だちが少ないことを表したのです。

みなさんがテストのため、受験勉強のために文章を読んでいる時も、言葉は何かを教えようとしています。文章は何かを伝えようとしてきます。敏感なアンテナでそれを感じ取ってください。読解力をみがいてください。

文章は深い井戸です。あなたの読解力はバケツに結んだロープです。その井戸からおいしい水をくみ上げることができるかどうかは、あなたのロープの長さしだいです。がんばってください。

最後になりましたが、かつての教え子で、「主婦と生活社」の藤井さん、国語指導の集大成の機会をいただいて本当に感謝しています。指導法をまとめた本を出そう、出そうと思いながらサボっていた私の背中を「そっと」いや、「どーんと」押してくれてありがとう。

国語専科「内藤ゼミ」代表　内藤俊昭（としあき）

「雨が降ってきたので、カサをさした」が書ければ中学受験は突破できる！

著者プロフィール

内藤俊昭（ないとうとしあき）（国語専科「内藤ゼミ」代表）

1952年生まれ。慶應義塾大学経済学部卒業。大手進学塾を経て、東京・代々木に国語専門塾「内藤ゼミ」を開設。「言葉を大切にすること」「自分で考えて表現すること」を教えること約40年。国語が苦手な中学受験生だけでなく、国語力をつけたい小学生の駆け込み寺のような存在として、人気を集める。

内藤ゼミホームページ（naitoh-zemi.jp）

イラスト　千野エー
本文デザイン　東京カラーフォト・プロセス株式会社
カバーデザイン　植村明子（pond.inc）
校閲　小田切英史
編集　藤井亜希子

著者　内藤俊昭
編集人　青木英衣子
発行人　殿塚郁夫
発行所　株式会社主婦と生活社
〒104-8357　東京都中央区京橋3-5-7
https://www.shufu.co.jp
編集部　☎03-3563-5211
販売部　☎03-3563-5121
生産部　☎03-3563-5125

製版所　東京カラーフォト・プロセス株式会社
印刷所　大日本印刷株式会社
製本所　共同製本株式会社

～読者アンケートにご協力ください～

『「雨が降ってきたので、カサをさした」が書ければ中学受験は突破できる！』はいかがでしたか？　今後の企画の参考にさせていただくため、左のQRコードを読み込み、アンケートにご協力ください。ご回答いただいた方、先着500名の中から抽選で10名様に図書カード1000円分をプレゼントいたします。

2024年12月27日　23:59まで

※期日を過ぎますとお申込みが無効となります。
※図書カードの当選結果は発送をもってかえさせていただきます。

ISBN 978-4-391-16148-9
落丁・乱丁の場合はお取り替えいたします。お買い求めの書店か、小社生産部までお申し出ください。